新时代智库出版的领跑者

国家智库报告 2022（30）
National Think Tank
中国非洲研究院文库·智库系列
中非产能合作重点国别研究

中国与尼日利亚的产能合作

张春宇　李若杨　著

PRODUCTION CAPACITY COOPERATION
BETWEEN CHINA AND NIGERIA

中国社会科学出版社

图书在版编目(CIP)数据

中国与尼日利亚的产能合作/张春宇,李若杨著.—北京:中国社会科学出版社,2022.10

(国家智库报告)

ISBN 978-7-5227-0969-7

Ⅰ.①中… Ⅱ.①张…②李… Ⅲ.①区域经济合作—国际合作—研究报告—中国、尼日利亚 Ⅳ.①F125.4②F142.374

中国版本图书馆 CIP 数据核字(2022)第 200541 号

出 版 人	赵剑英
项目统筹	王 茵 喻 苗
责任编辑	范晨星 范娟荣
责任校对	闫 萃
责任印制	李寡寡

出　　版	中国社会科学出版社
社　　址	北京鼓楼西大街甲 158 号
邮　　编	100720
网　　址	http://www.csspw.cn
发 行 部	010-84083685
门 市 部	010-84029450
经　　销	新华书店及其他书店
印刷装订	北京君升印刷有限公司
版　　次	2022 年 10 月第 1 版
印　　次	2022 年 10 月第 1 次印刷
开　　本	787×1092 1/16
印　　张	10.5
插　　页	2
字　　数	105 千字
定　　价	59.00 元

凡购买中国社会科学出版社图书,如有质量问题请与本社营销中心联系调换
电话：010-84083683
版权所有　侵权必究

《中国非洲研究院文库》
编委会名单

主　任　蔡　昉

编委会　（按姓氏笔画排序）

　　　　　王　凤　　王林聪　　王启龙　　王利民　　安春英
　　　　　邢广程　　毕健康　　朱伟东　　李安山　　李新烽
　　　　　杨宝荣　　吴传华　　佘国庆　　张永宏　　张宇燕
　　　　　张忠祥　　张振克　　林毅夫　　罗建波　　周　弘
　　　　　赵剑英　　姚桂梅　　党争胜　　唐志超

充分发挥智库作用
助力中非友好合作

——《中国非洲研究院文库总序言》

  当今世界正面临百年未有之大变局。世界多极化、经济全球化、社会信息化、文化多样化深入发展，和平、发展、合作、共赢成为人类社会共同的诉求，构建人类命运共同体成为各国人民共同愿望。与此同时，大国博弈加剧，地区冲突不断，恐怖主义难除，发展失衡严重，气候变化问题凸显，单边主义和贸易保护主义抬头，人类面临诸多共同挑战。中国是世界上最大的发展中国家，是人类和平与发展事业的建设者、贡献者和维护者。2017年10月中国共产党第十九次全国代表大会胜利召开，引领中国发展踏上新的伟大征程。在习近平新时代中国特色社会主义思想指引下，中国人民已经实现了第一个百年奋斗目标，正在意气风发向着全面建成社会主义现代化强国的第二个百年奋斗目标迈进，同时继续努力为人类作出新的更大贡献。

非洲是发展中国家最集中的大陆，是维护世界和平、促进全球发展的重要力量之一。近年来，非洲在自主可持续发展、联合自强道路上取得了可喜进展，从西方眼中"没有希望的大陆"变成了"充满希望的大陆"，成为"奔跑的雄狮"。非洲各国正在积极探索适合自身国情的发展道路，非洲人民正在为实现《2063年议程》与和平繁荣的"非洲梦"而努力奋斗。

中国与非洲传统友谊源远流长，中非历来是命运共同体。中国高度重视发展中非关系，2013年3月习近平担任国家主席后首次出访就选择了非洲；2018年7月习近平连任国家主席后首次出访仍然选择了非洲；6年间，习近平主席先后4次踏上非洲大陆，访问坦桑尼亚、南非、塞内加尔等8个国家，向世界表明中国对中非传统友谊倍加珍惜，对非洲和中非关系高度重视。在2018年中非合作论坛北京峰会上，习近平主席指出："中非早已结成休戚与共的命运共同体。我们愿同非洲人民心往一处想、劲往一处使，共筑更加紧密的中非命运共同体，为推动构建人类命运共同体树立典范。"2021年中非合作论坛第八届部长级会议上，习近平主席首次提出了"中非友好合作精神"，即"真诚友好、平等相待，互利共赢、共同发展，主持公道、捍卫正义，顺应时势、开放包容"。这是对中非友好合作丰富内涵的高度概括，是中非双方在争取民族独立和国家解放的历史进程中培育的宝贵财富，是中非双方在发展振兴和团结协作的伟大征程上形成的重要风范，体现了友好、平等、共赢、正义的鲜明特征，是新型国际关系的时代标杆。

随着中非合作蓬勃发展，国际社会对中非关系的关注度不断提高，出于对中国在非洲影响力不断上升的担忧，西方国家不时泛起一些肆意抹黑、诋毁中非关系的奇谈怪论，诸如"新殖民主义论""资源争夺论""中国债务陷阱论"等，给中非关系发展带来一定程度的干扰。在此背景下，学术界加强对非洲和中非关系的研究，及时推出相关研究成果，提升中非国际话语权，展示中非务实合作的丰硕成果，客观积极地反映中非关系良好发展，向世界发出中国声音，显得日益紧迫和重要。

以习近平新时代中国特色社会主义思想为指导，中国社会科学院努力建设马克思主义理论阵地，发挥为党和国家决策服务的思想库作用，努力为构建中国特色哲学社会科学学科体系、学术体系、话语体系作出新的更大贡献，不断增强我国哲学社会科学的国际影响力。中国社会科学院西亚非洲研究所是遵照毛泽东主席指示成立的区域性研究机构，长期致力于非洲问题和中非关系研究，基础研究和应用研究并重。

以中国社会科学院西亚非洲研究所为主体于2019年

4月成立的中国非洲研究院，是习近平主席在中非合作论坛北京峰会上宣布的加强中非人文交流行动的重要举措。自西亚非洲研究所及至中国非洲研究院成立以来，出版和发表了大量论文、专著和研究报告，为国家决策部门提供了大量咨询报告，在国内外的影响力不断扩大。按照习近平总书记致中国非洲研究院成立贺信精神，中国非洲研究院的宗旨是：汇聚中非学术智库资源，深化中非文明互鉴，加强治国理政和发展经验交流，为中非和中非同其他各方的合作集思广益、建言献策，为中非携手推进"一带一路"合作、共同建设面向未来的中非全面战略合作伙伴关系、构筑更加紧密的中非命运共同体提供智力支持和人才支撑。中国非洲研究院有四大功能：一是发挥交流平台作用，密切中非学术交往。办好"非洲讲坛""中国讲坛""大使讲坛"，创办"中非文明对话大会""非洲留学生论坛""中国非洲研究年会"，运行好"中非治国理政交流机制""中非可持续发展交流机制""中非共建'一带一路'交流机制"。二是发挥研究基地作用，聚焦共建"一带一路"。开展中非合作研究，对中非共同关注的重大问题和热点问题进行跟踪研究，定期发布研究课题及其成果。三是发挥人才高地作用，培养高端专业人才。开展学历学位教育，实施中非学者互访项目，扶持青年学者和培养高端专业人才。四是发挥传播窗口作用，讲好中非友好故事。办好中国非洲研究院微信公众号，办好中英文中国非洲研究院网站，创办多语种《中国非洲学刊》。

为贯彻落实习近平主席的贺信精神，更好汇聚中非学术智库资源，团结非洲学者，引领中国非洲研究队伍提高学术水平和创新能力，推动相关非洲学科融合发展，推出精品力作，同时重视加强学术道德建设，中国非洲研究院面向全国非洲研究学界，坚持立足中国，放眼世界，特设"中国非洲研究院文库"。"中国非洲研究院文库"坚持精品导向，由相关部门领导与专家学者组成的编辑委员会遴选非洲研究及中非关系研究的相关成果，并统一组织出版。文库下设五大系列丛书："学术著作"系列重在推动学科建设和学科发展，反映非洲发展问题、发展道路及中非合作等某一学科领域的系统性专题研究或国别研究成果；"学术译丛"系列主要把非洲学者以及其他地方学者有关非洲问题研究的学术著作翻译成中文出版，特别注重全面反映非洲本土学者的学术水平、学术观点和对自身发展问题的见识；"智库报告"系列以中非关系为研究主线，中非各领域合作、国别双边关系及中国与其他国际角色在非洲的互动关系为支撑，客观、准确、翔实地反映中非合作的现状，为新时代中非关系顺利发展提供对策建议；"研究论丛"系列基于国际格局新变化、中国特色社会主义进入新时代，集结中国专家学者研究非洲政治、经济、安全、社会发展等方面的重大问题和非洲国际关系的创新性学术论文，具有基础性、系统性和标志性研究成果的特点；"年鉴"系列是连续出版的资料性文献，分中英文两种版本，设有"重要文献""热点聚焦""专题特稿""研究综述""新书选介""学刊简介""学术机构""学术动态""数据统计""年度大事"等栏目，系统汇集每年度非洲研究的新观点、新动态、新成果。

期待中国的非洲研究和非洲的中国研究在中国非洲研究院成立新的历史起点上，凝聚国内研究力量，联合非洲各国专家学者，开拓进取，勇于创新，不断推进我国的非洲研究和非洲的中国研究以及中非关系研究，从而更好地服务于中非共建"一带一路"，助力新时代中非友好合作全面深入发展，推动构建更加紧密的中非命运共同体。

中国非洲研究院

前　言

充分发挥智库作用，助力中非产能合作

中非产能合作是中国"一带一路"建设的重要内容之一，反映了中国经济步入"新常态"后的一种新的综合性需求。非洲大陆作为中国"一带一路"建设的重要延伸地带，是中国对外经济交往中不可或缺的重要伙伴。中国与非洲国家开展产能合作，既可助力非洲实现工业化、城市化、一体化以及可持续发展，也是促进双方国际产能升级的重要途径，体现中非全面战略合作伙伴关系的重要举措，意义重大。

第一，中非产能合作的领域相当广泛，不仅涵盖传统的双边贸易、双向投资和对非承包工程以及对非援助，而且还涉及金融领域的合作以及区域经济一体化合作中的贸易投资自由化与便利化，因此是深耕厚植传统经贸合作领域和创新培育新的合作领域与新合作方式的重要途径。第二，加强产能合作是深化中非

经贸合作关系的重要途径。通过产能合作可以引领中非之间简单的贸易投资合作向产业合作方向深化发展，这不仅可以促进中非之间发展战略的对接，而且有助于形成中非产业价值链，推动中非经贸合作进入全新的阶段。第三，中非产能合作可以满足中非双方共同发展的需要，具有坚实的客观基础。一方面非洲国家具有推进工业化、城市化、一体化进程的现实需要；另一方面中国优势产能、强大建设能力的输出可以为非洲提供工业化、城市化、一体化建设所必需的资金和生产技术。因此，中非之间加强产能合作符合中非各自的比较优势和发展需要。第四，产能合作与"一带一路"倡议中的"贸易畅通""设施联通""资金融通"和"政策沟通"具有密切的联系。因此，在"一带一路"框架下加强中非产能合作，对于推进"一带一路"建设，拓展新时代中非各领域合作，构建更加紧密的中非命运共同体具有非常重要的意义。第五，加强中非产能合作符合中国的国际化发展战略。根据2015年出台的《国务院关于推进国际产能和装备制造合作的指导意见》，国际间的产能合作超越了以国际贸易、国际投资和国际技术流动等为代表的传统的、单一的国际分工模式，是一种跨越国家地理边界，包含产品分工合作、消费市场和生产要素市场的跨国合作模式。因此，加强中非产能合作是深化中非经贸合作的重要途径和战略发展方向。

在此背景下，如何加强中国与非洲的产能合作成为国内非洲学界普遍关注的问题。然而对于什么是产能合作，影响中非产能合作的主要因素是什么，如何确定中非产能合作重点领域，哪些国家是中非产能合作的重点国别等问题，并没有取得一致的看法和清晰的认识。而且中非产能合作是一个规模庞大的系统工程，而中国与非洲在国别层面进行的双边合作是保障重要举措的落地生根的基础性工程，但现有的研究成果难以满足中国政府职能部门及相关合作主体的实际需求。为此，2017年中国社会科学院西亚非洲研究所批准设立创新工程《中国与非洲产能合作重点国家研究》项目，一方面旨在清晰界定产能合作内涵的基础上，从理论和实证两个方面深入分析中非产能合作理论依据和现实基础，进一步甄别和判断中非产能合作的重点产业选择和区位选择；另一方面，旨在弥补国内非洲国别区域研究的弱项，力争从国别层面着手，对非洲重点国家产能合作的微观需求与潜力，中国与非洲重点国家进行产能合作的现状、特点与面临的问题，以及中非产能合作的国别模式进行基础性、针对性、理论性的综合研究，提出兼具战略性、前瞻性、可操作性的对策建议，力争从根源上保障中非产能合作永续发展的双赢目标。

经过 5 年的研究，创新项目组不仅从中国对非洲大陆的层面全面评估了中非产能合作的总况，更是针对非洲国家众多、资源禀赋和市场条件多样化的特点，甄选出南非、尼日利亚、肯尼亚、埃塞俄比亚、埃及 5 个国家，分别就中国与上述国家产能合作的情况进行了重点考察。研究推进体现在以下五个方面：其一，总报告在综合分析各种因素的基础上论证了中非产能合作的理论和现实基础（物质条件、载体条件、政策条件和金融条件），全面概述了 2015 年以来中非产能合作发展的阶段性进展，包括中非产能合作的产业分布和区域国家布局，评估了中非在基础设施、经贸合作区与制造业、能源矿业以及农业领域合作的成效，存在的困难与挑战，展望了后疫情时代中非产能合作的前景，并多视角地提出了针对性的对策建议。其二，5 个国别报告分别对各自国家与中国进行产能合作的潜力与现实基础进行了的分析，评估出承接中国产能转移的能力和未来可重点发展的优势产业、行业，梳理了 5 个非洲国家在招商引资等方面的政策举措，包括劳资关系、移民政策、投融资与环保政策新动向；其三，概述了中国企业在当地进行产能合作（基础设施、经贸合作区等）的总体情况，重点考察了中国与上述非洲国家产能合作重大项目进展情况，特别是加强了对中非产能合作实施模式方面的研究，评估了社会经济效果、风险及挑战，其四，着眼于推动中非产能合作高质量发展，在规划设计、国内政策配套、基础设施建设、资金支持、人力资源培训、风险防控和安全保障等方面提出了针对性的对策建议。其五，针对国内中非产能合作研究中普遍存在偏重宏观层面、欠缺国别层面与微观层面的剖析这一问题，5个国别报告的完成将国内非洲区域国别问题研究推向深入。总之，项目系列成果的发表将为相关领域的学术研究奠定基础，为国家战略选择和政策制定提供理论依据，为中国企业向非洲投资和产业转移提供参考。

然而，由于研究力量有限，项目组成员学科背景、学术志趣、学术积淀以及跟踪研究时间长短不一，加之重视程度、治学态度、投入书稿的时间与精力不同，研究报告存在这样或那样的问题，错误与纰漏亦在所难免，希望出版后学界同仁和广大读者不吝赐教，以便研究团队在今后的研究工作中加以改进。

中国社会科学院西亚非洲研究所
创新项目《中国与非洲产能合作重点国家研究》
首席研究员：姚桂梅
2022年1月

摘要： 国际产能合作是中非共建"一带一路"的重要方式，尼日利亚是中非产能合作的重点国家。

尼日利亚是非洲第一人口大国，资源丰富。21世纪以来，该国经济发展势头总体良好，已成为非洲第一大经济体。油气及相关产业、服务业和农业是支柱产业，制造业基础薄弱。尼日利亚经济发展受制于经济结构单一，因此，该国正大力推进经济多元化发展，贸易、交通和数字经济等第三产业受到高度重视。尼日利亚注重经济外交，主要关切点为经济利益，特别是石油收益、地区领导力、非洲一体化与联合国改革。该国经济外向度高，对外部资金和市场依赖性较强。

中尼两国互为重要战略伙伴。尼是中国在非洲重要的贸易伙伴和投资目的地，两国在铁路、自贸园区等多个领域取得了丰硕成果。两国建立了多层次经贸合作机制，在贸易、经济、科技合作和投资保护等多个领域签署了合作协定。

两国产能合作前景广阔，这源于两国的共同利益和发展需要。对尼而言，一方面，其最紧迫的任务是在疲软的经济形势下提高就业率、减少贫困人口，这使得来自中国的劳动密集型产业非常重要。更现实的是，日益增多的贫困人口需要来自中国的生活必需品，这在当前通胀加剧、物价上涨的背景下更为突出。另一方面，尼要实现经济多元化，通信、建筑、交通等行业的发展都需要中国的资金和技术。对中国而言，尼日利亚拥有广阔的国内市场、相对稳定的社会环境及较宽松的准入制度。两国在基础设施、油气业、制造业和产业园区建设、农业都有合作潜力。

但客观地看，双方合作也存在一些挑战。一是新冠肺炎疫情与西方国家逆全球化行为导致短期内全球经济负增长，中长期增速趋缓，全球范围保护主义盛行，不利于国际经济合作。二是尼国内经济与安全的不稳定因素。经济层面，经济结构单一仍将持续，政府债务规模进一步扩大，通胀水平居高不下，失业率和贫困人口数量不断上升。安全层面，2023年大选可能造成政局不稳；传统安全和非传统安全问题交织。三是国际竞争日趋激烈，部分国家的对非洲战略直接针对中国。

下一步，中国需要立足两国发展需要，坚持合作共赢原则，积极对接两国发展战略和重点产业，构建全方位、多层次、宽领域的产能合作格局；打造数字经济、绿色经济等新亮点，实现多元化可持续发展。

关键词：中国；尼日利亚；"一带一路"；产能合作

Abstract: International production capacity cooperation is an important way for China and Africa to jointly build the "Belt and Road", and Nigeria is a key country for China-Africa production capacity cooperation.

Nigeria is the most populous country in Africa and is rich in resources. Since the 21st century, Nigeria's economy developed rapidly, and it has become the largest economy in Africa. Oil and gas industries, service industry and agriculture are the pillar industries, and manufacturing is underdeveloped. Economic development relies heavily on the oil and gas industry, therefore, Nigeria is vigorously promoting economic diversification, and vigorously promoting the development of service industries, such as trade, transportation and the digital economy. Nigeria focuses on economic diplomacy, and its main concerns are economic interests, especially oil earnings; regional leadership; African integration and United Nations reform. Nigeria's economy is highly export-oriented and highly dependent on external funds and markets.

China is Nigeria's important strategic partners. Nigeria is China's important trading partner and investment destination in Africa. China and Nigeria have achieved fruitful economic cooperation results in railways, free trade zones and other fields. China and Nigeria also have established a multi-level economic and trade cooperation mechanism, signed cooperation agreements in trade, economy, scientific and technological cooperation and investment protection.

In the future, China and Nigeria have a broad prospects for production capacity cooperation, it is rooted in the common interests and needs of the two countries. For Nigeria, on the one hand, the most urgent task is to increase employment rate and reduce poverty in a weak economic situation, labor-intensive industries from China are very important to Nigeria. More realistically, the increasing number of poor people need daily necessities from China, which is more prominent in the current reality of rising inflation and rising prices. On the other hand, in order to achieve economic diversification, Nigeria is vigorously promoting the communication, construction, transportation, these industries requires Chinese capital and technology. For China, Nigeria has a vast domestic market, a relatively stable social environment and a relatively loose access system. China and Nigeria have potential for cooperation in infrastructure, oil and gas industry, manufacturing and industrial park construction, and agriculture.

But from an objective point of view, there are also some

challenges in the cooperation between China and Nigeria. First, the COVID-19 epidemic and the anti-globalization behavior of Western countries have led to negative growth of the global economy in the short term, and slowing growth in the medium and long term, which is bringing the prevalence of protectionism, which is not conducive to international economic cooperation. Second, there are some unstable factors of Nigeria's domestic economy and security. In terms of economy, the economic development will continue to be highly dependent on the oil and gas industry, the scale of government debt will further expand, inflation will remain high, and unemployment and poverty will continue to rise. In terms of security, the 2023 general election may cause political instability; traditional security and non-traditional security issues are intertwined. Third, international competition is becoming increasingly fierce, and some countries' strategies towards Africa are directly aimed at China.

In the future, the international production capacity cooperation between China and Nigeria needs to be based on the development needs of the two countries and adhere to the principle of win-win cooperation, actively connect the development strategies and key industries of the two countries, and build an all-round, multi-level and wide-ranging production capacity cooperation pattern; create new highlights such as digital economy and green economy, achieve diversified and sustainable development.

Key Words: China, Nigeria, "The belt and road", Production capacity cooperation

目 录

一 尼日利亚发展概况 …………………………… (1)
 （一）国家概况 ………………………………… (1)
 （二）经济地理概况 …………………………… (5)
 （三）社会文化和商业文化 …………………… (9)
 （四）政治环境及政情分析 …………………… (12)

二 尼日利亚宏观经济发展与政策规划 ………… (25)
 （一）宏观经济发展状况 ……………………… (25)
 （二）宏观经济政策导向 ……………………… (34)
 （三）主要产业发展方向与规划 ……………… (41)

三 尼日利亚开展产能合作的宏观基础环境 …… (47)
 （一）财政收支矛盾突出 ……………………… (47)
 （二）通胀率和失业率高企 …………………… (49)
 （三）外债负担沉重，用于发展的
    资源受限 ………………………………… (51)

（四）金融体系相对完备，融资成本较高 …………… (58)
（五）汇率波动较大，外汇储备规模有限 …………… (65)
（六）营商环境仍待改善 …………… (68)

四 中尼产能合作现状 …………… (78)
（一）中尼双边经贸合作和在尼华人状况概述 …………… (78)
（二）中尼双边贸易发展 …………… (84)
（三）中尼产能合作发展 …………… (96)
（四）中尼继续开展产能合作的主要风险和问题 …………… (108)

五 中尼产能合作的总体构想与建议 …………… (121)
（一）中尼产能合作的前景 …………… (121)
（二）深化中尼产能合作的指导思想和发展目标 …………… (122)
（三）中尼产能合作的重点领域与中方优势 …………… (123)
（四）相关建议 …………… (130)

参考文献 …………… (138)

后　记 …………… (141)

一　尼日利亚发展概况

（一）　国家概况

尼日利亚地处西非东南部，南临大西洋几内亚湾，北邻尼日尔，西接贝宁，东靠阿达马瓦山（Admaoua）与喀麦隆接壤，东北隔乍得湖与乍得相望。全国地形复杂多样，中北部为乔斯高原，西南部为约鲁巴高原，总体地势北高南低。

尼日利亚自 1960 年独立后开始完善州政府建设，以加强地方管理，促进地方发展。出于化解地方矛盾、消解主要族群政治影响力的目的，尼日利亚不断增加州政府数量，至 1967 年已建立 20 个州。[①] 目前，全国分为 36 个州和 1 个联邦首都特区，主要有阿比亚州（Abia）、阿达马

[①] Wasiu M. Raheem, "Regional Imbalances and Inequalities in Nigeria: Causes, Consequences and Remedies", *Research on Humanities and Social Sciences*, Vol. 4, No. 18, 2014, p. 168.

瓦州（Adamawa）、阿夸伊博姆州（Akwa Ibom）、阿南布拉州（Anambra）、包奇州（Bauchi）、巴耶尔萨州（Bayelsa）、贝努埃州（Benue）、博尔诺州（Borno）、克里斯河州（Cross River）、三角州（Delta）、埃邦伊州（Ebonyi）、埃多州（Edo）、埃基蒂州（Ekiti）、埃努古州（Enugu）、贡贝州（Gombe）、伊莫州（Imo）、吉加瓦州（Jigawa）、卡杜纳州（Kaduna）、卡诺州（Kano）、卡齐纳州（Katsina）、凯比州（Kebbi）、科吉州（Kogi）、夸拉州（Kwara）、拉各斯州（Lagos）、纳萨拉瓦州（Nassarawa）、尼日尔州（Niger）、奥贡州（Ogun）、翁多州（Ondo）、奥孙州（Osun）、奥约州（Oyo）、高原州（Plateau）、河流州（Rivers）、索科托州（Sokoto）、塔拉巴州（Taraba）、约贝州（Yobe）、扎姆法拉州（Zamfara）和联邦首都特区（Federal Capital Territory）。各州和联邦首都特区共下设774个地方政府。[①]

尼日利亚国土面积约92.38万平方千米，沿海为宽约80千米的带状平原。南部为低山丘陵，大部分地区海拔200—500米；中部为尼日尔—贝努埃河谷地；北部豪萨兰高地超过全国面积的1/4，平均海拔900米；东部边境为山地，西北和东北分别为索科托盆地

[①] 《对外投资合作国别（地区）指南：尼日利亚》（2020年版），2021年6月4日，中国商务部网站，http://www.mofcom.gov.cn/dl/gbdqzn/upload/niriliya.pdf。

和乍得湖湖西盆地。尼日利亚属热带草原气候,总体高温多雨,全年分为旱季和雨季。由于拥有尼日尔河及其支流贝努埃河,且无沙漠和大自然灾害,尼日利亚80%的国土适合发展农牧业,农业生产条件较优越。

尼日利亚人口总数约2.05亿人,为非洲第一人口大国。一方面,其人口基数大、增速快。2018年,尼日利亚已是世界第七人口大国,按其目前的人口增长速度,至2025年将有2.39亿人,到2050年将增至4.4亿人。[①] 另一方面,该国人口分布不均衡,南部雨林区、北部草原区及南部沿海发达地区人口较多。49.8%的人口居住在拉各斯、卡诺、伊巴丹以及首都阿布贾等主要城市,但约80%的城市人口居住在贫民窟。[②] 全国有250多个民族,500多种语言,其中最大的3个部族是北部的豪萨—富拉尼族(占全国人口的29%)、西南部的约鲁巴族(占全国人口的21%)和东部的伊博族(占全国人口的18%)。东南部以埃菲克人、伊比比奥人、安南人和伊贾人为主,中西部以乌罗博人、伊加拉人、埃多人和伊策基里人为主。传统上,生活在南部地区的民众相较于生活在北部地区

[①] P. C. Etebong, "Demography in Nigeria: Problems and Prospects", *Journal of Biometrics and Biostatistics*, Vol. 5, No. 1, February 2018, p. 25.

[②] "Nigeria: Property Rights and Resource Governance", USAID Country Profile, 2010, p. 4.

的民众受教育水平更高，有更多的人在政府部门就业。① 总体而言，尼日利亚人口出生率较高，但预期寿命较低，婴儿死亡率较高。

19世纪以来，以"索科托吉哈德"运动（Sokoto Jihad）为代表的伊斯兰复兴运动深刻影响了尼日利亚北部地带，而基督教则在南方地区不断发展并带来了西方生活方式和思想观念，再加上历史悠久的本土宗教，逐渐在该国形成了伊斯兰教—基督教—本土宗教的信仰结构，对社会经济和政治生态产生了深远影响。复杂的民族结构使尼日利亚人通常掌握两种以上本地语言，不同种族的人日常用英语交流，同时其主要的本地语言为约鲁巴语、豪萨语和伊博语。②

尼日利亚是非洲资源潜力最丰富的国家之一，资源种类多样，涵盖了工业发展所需的多种原料，包括石油、天然气、铁矿石、锡、高伦石、钽铁矿、钨矿、金、铅锌、石灰岩、高岭土、黏土、页岩、大理石、放射性矿物、煤以及水电等。尼日利亚是非洲最大的产油国之一，也是世界主要的原油生产国和出口国之一，已探明石油储量约370亿桶，居非洲第二位，世

---

① Wasiu M. Raheem, "Regional Imbalances and Inequalities in Nigeria: Causes, Consequences and Remedies", *Research on Humanities and Social Sciences*, Vol. 4, No. 18, 2014, p. 164.

② Olufemi Vaughan, *Religion and the Making of Nigeria*, Duke University Press, 2016, p. 2.

界第十一位。以目前产量计算，可继续开采30—50年。已探明天然气储量5.1万亿立方米，居世界第八位。埃努古州、科吉州、尼日尔州和联邦首都特区探明高品位铁矿石30亿吨。贝努埃州、高原州等地蕴藏有丰富的盐矿，储量约150万吨。尼日尔州、奥孙州、科吉州、奥贡州、卡杜纳州已探明4000万吨云母矿。尼日利亚大部分州储有石膏，估计总储量约10亿吨左右，但石膏成品生产较落后，唯一一座石膏厂位于尼日尔州，年产量3000吨。尼日利亚各州储有1000万吨铅锌，大量集中在中东部州。全国储有膨润土/重晶石7亿吨，包奇州、塔拉巴州储量较大。此外，该国还储有沥青420亿吨。尼日利亚的煤炭硫含量低，现有17个矿场，预计储量27.5亿吨煤炭，是西非唯一的产煤国，大量煤炭资源尚未开发。[①]

（二）经济地理概况

尼日利亚绝大部分国民生产总值来源于城市地区，除首都阿布贾外，重要的城市（群）还包括南部的拉各斯、伊巴丹、哈科特港、阿伯和贝宁湾一带，以及

---

① Jackson Jack, "Natural Resources Exploration and Socio-economic Development in Nigeria (1981 – 2015)", *Sustainable Human Development Review*, Vol. 8, No. 1 – 4, December 2016, p. 80.

北方的卡诺和迈杜古里。

首都阿布贾是全国政治中心、文化中心和地理中心，位于尼日利亚中央地带，尼日尔河支流古拉拉河（Gurara）左岸，尼日尔、卡杜纳、高原和夸拉四州交界处。联邦首都特区面积约8000平方千米。1976年，穆罕默德军政府领导的委员会以地理位置、气候条件、城防安全等理由宣布将建设一座新首都阿布贾来代替原首都拉各斯，1991年基本建成。如今，号称是尼日利亚"团结中心"（centre of unity）的阿布贾是非洲物价第二高的城市，但其也因建设耗资巨大、精英集中却缺乏生产力而受到批评。[1]

拉各斯是尼日利亚旧都，也是最重要的港口城市，位于国境西南端，几内亚湾沿岸，由奥贡河河口地6个小岛和大陆部分组成，面积3200平方千米。作为尼日利亚最发达的城市，拉各斯拥有全国最好的基础设施、就业机会及教育资源，由此吸引的人口数量也不断增加，居民数量从2000年的1700万人快速增加到2015年的2500万人。拉各斯作为国家经济中心、金融中心，一直是国内最具经济活力的城市，2015年贡献了超过40%的全国GDP，而排名第二位的卡诺经济总

---

[1] Simon Bekker, Gran Therborn, *Capital Cities in Africa-Power and Powerlessness*, HSRC Press, 2011, p. 96.

量仅相当于拉各斯的27%。① 然而，随着迁都后经济、政治资源向阿布贾倾斜，同时拉各斯的居民数量持续增加，使得大量贫民窟在城市中涌现，城市基础设施、治安状况、就业医疗条件等服务都出现了不堪重负的情况。如何避免城市边缘地区出现的"村庄化"趋势成为拉各斯地方政府面临的巨大难题。②

卡诺是卡诺州的首府，也是尼日利亚著名古城。在公元500年前后，卡诺是7个豪萨王国之一，以发达的采矿业和高超的冶炼技术闻名。目前，整个卡诺地区占地20760平方千米，拥有超过175万公顷的农田和970万公顷的林地和草地。得益于优越的农业生产条件，卡诺地区是尼日利亚最重要的农业中心，主要生产的农作物包括高粱、大米、小米、花生、小麦、豇豆和蔬菜，其地区内90%的人口都是小农。由于英国殖民政府的早期建设，卡诺的工商业发展较早，目前是该国北部地区主要的工商业重镇，对尼日尔、乍得、贝宁等邻国也颇有影响。20世纪70—80年代，卡诺地区的轻工业已有明显发展，新建工厂超过165座，主要生产塑料制品、糖果、软饮料、纺织品、陶瓷等

---

① Olanrewaju Lawal, "Measuring Geographic Distribution of Economic Activity in Nigeria Using Gross Domestic Product", *Ghana Journal of Geography*, Vol. 10, No. 1, January 2018, p. 32.
② E. C. Emordi, "Lagos: the 'Villagized' City", *Information, Society and Justice*, Vol. 2, No. 1, December 2008, p. 104.

产品。蒙派工业园（Bompai）等五个工业园区的陆续建立进一步促进了卡诺地区的工业化进程，该地区在1985年便有了500多家工厂，雇用超过10万名工人。如今卡诺是整个西非大陆发展较快的地区之一，其经济总量在2010年超过了伊巴丹，仅次于拉各斯。①

伊巴丹是尼日利亚第三大城市，奥约州首府，位于该国西南部腹地，距拉各斯128千米，距首都阿布贾530千米。伊巴丹最初于1829年作为军营建立，之后一直作为军事据点存在。1901年，其与当时首都拉各斯相连的铁路建成后进入快速发展期，并被确定为当时西部省的首府。1960年尼日利亚独立时，伊巴丹是该国规模最大、人口最多的城市。当前，该市是继拉各斯后，尼日利亚第二大非石油城市，2000年面积为400平方千米。与拉各斯、卡诺类似，伊巴丹人口增长速度极为迅速，居民人数仅在1991—2000年就增长了5倍，导致贫民窟问题严重，且相当一部分贫民窟分布在距市中心1千米以内的区域。②该市以约鲁巴人为主，主要从事农业、贸易和公共服务工作。

哈科特港是河流州首府，尼日利亚第二大港口，

---

① Yahaya Ado Umar, "Overview Of The Physical And Human Setting Of Kano Region, Nigeria", *Research Journali's Journal of Geography*, Vol. 1, No. 5, p. 11.
② Laurent Fourchard, *Urban Slums Reports: The Case of Ibadan, Nigeria*, 2002, p. 4.

占地约18万公顷，位于尼日尔河三角洲东南部，濒临邦尼河，南距几内亚湾64千米。哈科特最初于1912年随着殖民政府的铁路修建而开始建设，1927年正式开始港口建设。20世纪60年代，哈科特随着石油和加工工业的发展成为东南部工商业重镇，输油管自阿帕拉油田直通港口和石油专用港（邦尼港），北延至马库马迪。天然气管道直通城北6千米处的特兰斯—阿马迪新工业区，向热电站提供燃料。哈科特是尼日利亚管理规划最好的城市，目前HPDC（尼日利亚国家石油公司与荷兰皇家壳牌石油公司的合资企业）、法国道达尔、意大利埃尼集团等大型跨国公司在尼日利亚分支的总部都位于哈科特。此外，还拥有哈科特港大学、河流州科技大学等一系列学府。[1]

（三） 社会文化和商业文化

尼日利亚是一个多民族国家，约有250个本土民族，其中人口较多的7个大部族占全国总人口的88%。最大的部族为豪萨—富拉尼族、约鲁巴族和伊博族，分别占全国总人口的29%、21%和18%。豪萨—富拉

---

[1] Elenwo Ephraim Ikechukwu, "The Socio-Economic Impact of the Greater Port Harcourt Development Project on the Residents of the Affected Areas", *Open Journal of Social Sciences*, Vol. 3, No. 1, 2015, p. 83.

尼族大多生活在北部地区，信仰伊斯兰教；伊博族主要生活在南部地区，多信仰基督教；约鲁巴族主要在西南部定居，约一半人信仰基督教，另一半人信仰伊斯兰教。①

尼日利亚的国民性格对商业文化，也对中尼合作起到了相应的影响。总体而言，尼日利亚的国民文化在保留传统的同时也深受西方影响，社会权力集中在老一辈手中，男权/父权特征明显，比较强调长官或长者对部门与家庭的领导，这种社会特征深刻影响了尼日利亚的国民性格和商业文化。第一，尼日利亚有较发达的工会传统。尼日利亚劳工大会（Nigeria Labour Congress，NLC）是该国主要的工会组织，于1978年在拉各斯成立，由42个行业工会组成，会员近300万人，致力于提高工人最低工资等福利待遇。近年来，其多次组织全国性大罢工，代表工人和普通民众与尼日利亚联邦政府谈判，对总统大选有一定影响力，最近一次标志性行动是2019年4月推动了总统布哈里签署3万奈拉的新最低工资法案。② 这意味着中资企业在

---

① Haldun Çancı, "Ethnic and Religious Crises in Nigeria: A Specific Analysis Upon Identities (1999–2013)", *African Journal on Conflict Resolution*, Vol. 16, No. 1, 2016, p. 92.

② 《对外投资合作国别（地区）指南：尼日利亚》（2020年版），2021年6月4日，中国商务部网站，http://www.mofcom.gov.cn/dl/gbdqzn/upload/niriliya.pdf。

尼投资不仅要与其联邦、州政府达成协议，还需要全面了解尼日利亚的《劳工法》(Labour Act)和《工会法》(Trade Union Act)等法律法规，熟悉当地工会组织的发展状况、规章制度和运行模式，与工会构建和谐的关系。第二，尼日利亚商业文化强调上级权威，并且传统上更看重男性。在尼日利亚，对上级、老师以及长者提出直接质疑通常被视为无礼。比如，公司中的年轻员工不能直接质疑上级，同时在商业谈判等正式场合用正确的头衔称呼对方极为重要。中资企业在尼日利亚需要适应其社会对女性的态度，特别是在北部地区很可能出现只对男性问好而忽视同行女性的情况，同时穆斯林地区常常禁止男女之间有包括握手在内的一切身体接触。① 第三，尼日利亚普遍非常看重家庭，一家之主不仅对直系亲属的福利负有责任，还需要照顾其他旁系亲属。因此与一人来往事实上也间接在与整个家庭打交道，在尼中资企业在雇用本地员工时，尤其需要注意这一点。尼日利亚存在许多亚文化群体，相互之间民族、宗教关系复杂，如果不是十分了解，最好不要轻易谈论有关宗教和政治的话题，谈论自己的家庭和家乡通常是比较合适的话题。此外，

---

① "Cultural Top Tips for UK Businesses Working with Nigeria", British Council, https://www.britishcouncil.org/sites/default/files/intercultural_fluency_nigeria_top_tips_0.pdf.

在尼日利亚经商通常需要适应尼方人员在各种场合迟到的情况,尼日利亚是出名的"最后一分钟市场",很多情况下尼日利亚人都会认为约定和计划的时间应该是有弹性的。①

(四) 政治环境及政情分析

尼日利亚政局总体比较稳定,政府治理能力也有明显进步,但也一直面临恐怖主义势力、宗教极端势力、国内地区发展不均衡、贫富分化严重等威胁。

1. 政治体制与主要政府部门

尼日利亚实行联邦总统制和三权分立的政治体制。尼日利亚民族国家和政治体制建设历程漫长曲折,1914年成为英国的保护国直到1960年独立。之后该国经历了短暂的民主共和制,于1966年开始了长达13年的军人独裁统治。1979年,尼日利亚开始实行总统制,并颁布了新宪法,但由于军队介入,于1984年胎死腹中,随即而来的是第二段长达13年的军人统治。1999年2月举行的大选标志着军事统治的结束和多党

---

① "Cultural Top Tips for UK Businesses Working with Nigeria", British Council, https://www.britishcouncil.org/sites/default/files/intercultural_fluency_nigeria_top_tips_0.pdf.

制民主国家的开始,此后,尼日利亚联邦总统制不断完善并持续至今。① 最近一次大选于2019年2月举行,现任总统穆罕默杜·布哈里获得连任,执政党全体进步大会党(All Progressive Congress,APC)在参众两院都获得了多数席位。

在当前的政治体系下,尼日利亚的行政权力属于总统,总统同时担任国家元首和政府首脑。总统任期四年,最多连任两届。总统内阁包括36个州的代表,国民议会是国家立法部门,由109名参议员和360名众议员组成。36个州每个州可以选出3名参议员(首都阿布贾拥有一名额外的参议员名额),众议院席位则按人口分配。国民议会议员由选举产生,任期四年,最多连任两届。司法部门包括最高法院、上诉法院、联邦高级法院,以及州一级的高级法院、伊斯兰宗教法院和习俗法庭。总统有权任命最高法院成员,但需要由参议院确认。

尼日利亚联邦政府设有联邦执行委员会,即内阁,由总统、副总统、各部部长、国务部长等组成。此外,总统府内部还设有一些部委,部分部长亦为内阁成员。

---

① Henry A. Kifordu, *Nigerian Political System Since Political Independence: Changes and Trejectories*, Centro Universitário Unieuro, 2013.

本届内阁于2019年8月21日成立,共有46名成员。①此外,尼日利亚主要联邦级政府还包括国防、教育、国家计划、农业、工业、环境、外交、内政、司法等19个机构。

2. 主要党派及关系

尼日利亚于1998年6月开放党禁,1999年第四共和国建立时只有三个政党,到2019年已经有超过91个政党登记在册。② 主要政党如下。

全体进步大会党是当前执政党,以"公正、和平、统一"为宣言和宗旨。2013年2月6日由原主要反对党尼日利亚行动大会党(Action Congress of Nigeria, ACN)、进步变革大会党(Congress for Progressive Change, CPC)和全尼日利亚人民党(All Nigerian People's Party, ANPP)合并组成。③ 组建后不久便展现出较强的组织力和吸引力,在大选前成功吸收了5位州长、49位议员,极大地

---

① 《对外投资合作国别(地区)指南:尼日利亚》(2020年版),2021年6月4日,中国商务部网站,http://www.mofcom.gov.cn/dl/gbdqzn/upload/niriliya.pdf。

② Dhikru Adewale Yagboyaju, "Politics, Political Parties, and the Party System in Nigeria: Whose Interest?", *International Letters of Social and Humanistic Sciences*, Vol. 89, 2020, p. 33.

③ Olakunle F. Olowojolu, "The Rise of the Opposition Political Party in Nigeria: Case Study of the All Progressives Congress", *International Journal of Politics and Good Governance*, Vol. 6, No. 4, 2015, p. 6.

增强了自身实力，最终在 2015 年 3 月的大选中，其候选人布哈里以近 260 万票的优势击败竞争对手当选总统，开创了尼日利亚政坛组建反对党同盟击败执政党的先河，极大地改变了国内政治生态环境，也是尼日利亚民主体制逐渐走向成熟的标志。不仅如此，执政后该党的纲领和政策也逐渐完善，其宣言就国防安全、经济发展、工农业前景等 13 个关系国计民生的重要领域都提出了未来的工作方向。[①] 虽然目前全体进步大会党在参众两院都赢得了多数，但面对严峻的经济、安全形势，布哈里政府如果不能在 2023 年大选之前扭转形势，将给反对党以可乘之机。

人民民主党（People's Democratic Party，PDP）是主要反对党。该党自 1999—2015 年执政 16 年，曾号称"非洲最大政党"。党禁放开后，人民民主党作为当时主要的 9 个政治团体之一参加了 1998 年 12 月的议会选举，在 774 个地方选举中赢下 389 席，一跃成为尼日利亚最具影响力的政治团体。随后，人民民主党赢下了 1999—2011 年的每一场总统大选，共产生奥巴桑乔、亚拉杜瓦和乔纳森三任总统。但一系列的胜利中也潜藏着危机，该党在长期执政过程中逐渐暴露出严重的内部分裂问题，在执政期间更换了 11 名党主席。这为 2015 年大选前夕该党关键州州长和议员大量

[①] "Manifesto of All Progressive Congress", All Progressive Congress, https://www.allprogressivescongress.org/.

"倒戈"全体进步大会党埋下了隐患。作为曾长期执政的老牌政党，人民民主党的组织结构严密成熟，自基层选区到中央共分为6个层级，而在国家层面又拥有国家工作委员会、执行委员会、核心小组等5个机构。[1] 作为在野党，人民民主党目前在尼北部、中部和东南部地区影响较大。

总体而言，尼日利亚的政党政治运转良好，逐渐走向成熟，2015年大选作为里程碑式的政治事件，无论是全体进步大会党的胜选还是人民民主党较平和地接受败选结果，都标志着该国民主制度的进一步完善。这对尼日利亚这一宗派政治色彩浓厚、资源分配不均的人口大国无疑是一件幸事。但必须指出的是，两党在每次大选中花费巨大，远超规定限额。2015年大选花费就高达1200亿奈拉，而2019年大选的预期花费高达1800亿奈拉，[2] 实际花费达1892亿奈拉。[3] 相对而言，布哈里政府2021年计划投入促进青年就业的资

---

[1] Aliyu Mukhtar Katsina, "Peoples Democratic Party in the Fourth Republic of Nigeria: Nature, Structure, and Ideology", SAGE Open, April – June 2016, p.6.

[2] Dhikru Adewale Yagboyaju, "Politics, Political Parties, and the Party System in Nigeria: Whose Interest? International Letters of Social and Humanistic Sciences", Vol.89, 2020, p.44.

[3] "Checked: Two Claims about the 'Astronomical' Cost of Nigeria's Election", September 5, 2018, Africa Check, https://africacheck.org/factchecks/reports/checked-two-claims-about-astronomical-cost-nigerias-election.

金只有750亿奈拉。同时，两党执政期在反腐、国内安全、减贫等领域的成绩均不尽如人意，因此其政党制度也受到了许多批评。

3. 当前和未来政情分析

总体而言，尼日利亚政府有能力保卫国家安全、促进国家发展并为民众提供基本服务，但在一些领域和问题上治理能力不佳。一方面，自1999年以来，尼日利亚基本保持了政治稳定，政权交接、军政关系、政党政治和民众运动都没有对政治体制造成严重冲击，联邦总统制延续至今。此外，由于油气行业繁荣的推动，尼日利亚经济自1999年以来的大部分时间里处于正增长，[①] 人口从约1.2亿人增至2亿人以上，进一步表明政府的治理能力和政治体系的有效性。另一方面，以博尔诺州为代表的尼日利亚东北部地区局势紧张，政府军和"博科圣地""伊斯兰国"等恐怖组织在这一地区的战事持续，且极端组织有向尼中部渗透的趋势。尼日利亚政府无法完全实现东北部地区的控制和有效治理，东北部经济凋敝、盗匪丛生，很大程度上会成为一块"禁地"。此外，北部基督教与南部穆斯林之间、全体进步大会党与人民民主党之间、豪萨等

[①] "GDP Growth-Nigeria", The World Bank, https://data.worldbank.org/indicator/NY.GDP.MKTP.KD.ZG? locations =NG.

主要部族与其他部族之间、牧民与农民之间围绕土地和资源之间的斗争也从未间断。尼日利亚政府的腐败情况比较严重，虽然自奥巴桑乔以来的各届政府都出台了打击腐败的政策，但收效甚微。截至2012年，尼日利亚因腐败而造成的损失累计超过4000亿美元。

当前和未来几年，尼日利亚的政治体制和布哈里政府总体稳定。布哈里政府顺利执政至2023年问题不大。联邦总统制运行平稳，代表基督教和伊斯兰教的领袖轮换的默契尚未打破。一方面，尼日利亚与周边国家以及美、英、法等大国关系普遍保持友好，与喀麦隆围绕巴卡西半岛的争端也早已得到解决，几乎不存在战争威胁政权生存的风险；另一方面，尼日利亚三权分立政治体制比较成熟，军政关系相对正常，经济发展虽有放缓，但大体保持稳定，短期内发生军人政变、大规模反政府群众运动等国内风险较低。当前的政权不稳定因素主要在于"博科圣地""伊斯兰国"等恐怖组织的威胁，尼日尔河三角洲、东北部等地区的不稳定以及国内失业率、贫困率、通胀水平较高等问题。

新冠肺炎疫情严重冲击了该国经济发展，针对疫情之下疲软的经济形势，布哈里于2020年8月2日提交了2021年国家预算提案。2020年第二季度该国GDP下降了6.1%，针对经济衰退的现实，布哈里又提出了《中期国家发展计划（2021—2025）》，以促进经济复苏为目标，预计2021年国家支出总额为10.81万亿奈拉，其中750亿奈拉将被用来重点解决青年就业问题。布哈里还提出政府计划在未来10年内让1亿尼日利亚民众脱贫。[①] 但在目前的经济形势下，该计划的顺利实现颇有难度。

4. 对外政治交往现状与未来展望

尼日利亚总体上奉行积极友好的外交政策，与大多数域外大国及邻国保持友好往来，在政策上注重经济外交，目标上注重巩固尼日利亚的地区领导力。具体而言，尼日利亚外交政策的主要关切主要有以下三个。

一是经济利益特别是石油收益。油气出口收入占尼日利亚政府预算的50%、出口总额的80%，[②] 政府对于经济发展、减贫、基础设施建设、青年就业等各项关键政策的预算也与当年的油气价格紧密相关。因此，稳定国际原油市场，保证油气收入是该国外交政

---

① "Budget of Economic Recovery and Resilience-President Muhammadu Buhari", October 8, 2020, The State of House (Abuja), https://statehouse.gov.ng/news/budget-of-economic-recovery-and-resilience-president-muhammadu-buhari/.

② "Economist Intelligence: EIU Country Report: Nigeria", July 2021, http://country.eiu.com/nigeria.

策的核心关切。面对近年来疫情影响下石油价格下跌的现实情况，尼日利亚等石油输出国组织成员国于2020年4月达成减产协议，按照协议，尼日利亚将与其他国家共同在2020年5—6月每天减产970万桶，在2020年7—12月每天减产800万桶，在2021年1—4月每天减产600万桶，以促进油价恢复正常。[①]

二是地区领导力。作为非洲第一人口大国和最大经济体，巩固自身的地区大国地位一直是尼日利亚独立以来的外交重点。自1999年以来，该国积极参与联合国、非盟和西非经济共同体等重要国际组织的共同行动。如，2001年以来，尼日利亚深度介入了苏丹的和平进程，不仅在阿布贾主持了包括南苏丹领导人在内的和平会议，还派遣了多达4000名维和士兵进驻达尔富尔地区，成为该地区维和部队的中坚力量。此外，尼日利亚还于2013年派遣1200名士兵参与非盟派驻马里的维和部队，加强了对盘踞在此的恐怖组织"博科圣地"的打击。[②]

三是注重非洲一体化与联合国改革。尼日利亚一

[①]《尼日利亚等欧佩克成员国协议减产》，2020年4月24日，中国商务部网站，http://www.mofcom.gov.cn/article/i/jyjl/k/202004/20200402958818.shtml。

[②] Ebenezer Ejalonibu Lawal, Opeyemi idowu Aluko, "Nigerian Foreign Policy: A Fourth Republic Diplomatic Escapade", *Journal of Siberian Federal University: Humanities & Social Sciences*, September 4, 2016, p. 715.

直致力于维护并推动非洲一体化进程，同时推进联合国改革，扩大安理会成员国名单以确保本国代表非洲加入安理会。1999年宪法第19条明确指出，尼日利亚外交政策的中心目标之一就是推动非洲一体化并促进非洲联合。2005年，尼日利亚作为非盟轮值主席国与日本、德国、印度、巴西组成的四国联盟就安理会"扩编"问题进行的谈判是其彰显地区领导力和外交目标的典型事件。在国家实力、地区影响力不断提升以及领导层全力推动下，尼日利亚于2009年当选联合国安理会非常任理事国。

当前，尼日利亚与主要域外大国和周边各国关系良好。尼日利亚与美国关系紧密，两国于1960年建交，彼此互为重要的战略伙伴。在政治上，尼日利亚在冷战时期就得到美国的扶持，美国将其视作保障非洲地区稳定的支柱国家之一。2010年，两国成立了"美国—尼日利亚双边委员会"（U. S. – Nigeria Binational Commission），就国家治理、反腐、经贸投资等议题进行磋商。在经济上，美国是尼日利亚主要的外资来源国之一，建立了受其商务部直接领导的美—尼贸易投资对话机制；尼日利亚也是美国在撒哈拉以南非洲第二大出口对象，并且是美国"非洲发展与机遇法案"受益国。在安全上，尼日利亚与美国合作打击"博科圣地""伊斯兰国"等恐怖组织，尼日利亚的安全部队也受到美国的援助和培训。

尼日利亚原为英国殖民地，1960年独立后保持英联邦成员国身份，目前是英国在非洲最重要的盟国之一。2020年，英国以37.4亿美元继续保持尼日利亚最大外资来源国地位，占尼日利亚吸引外资总额的38.64%，投资领域主要集中在油气行业和银行业。[①]英国也是尼日利亚重要的出口市场。英国前首相特蕾莎·梅在英国脱欧之前，于2018年专程访问尼日利亚等非洲英联邦国家商讨脱欧后的合作问题。英国脱欧后，尼日利亚对英国出口的商品可能面临更高的关税。[②]作为补偿，英国宣布2018—2022年对尼日利亚的人道主义援助提高到每年5000万英镑。此外，英国积极支持尼政府打击"博科圣地"等恐怖组织的行动。

尼日利亚长期奉行和平、审慎、注重经济效益和多边合作的外交政策，与喀麦隆、乍得、赤道几内亚、尼日尔等邻国关系良好。一方面，尼日利亚的经济体量和人口优势使得其很大程度上得以从容应对与邻国关系中的诸多挑战，但其邻国多为法语国家的现实也

[①] 《尼日利亚2020年吸引外资96.8亿美元》，2021年2月9日，中国商务部网站，http://www.mofcom.gov.cn/article/i/jyjl/k/202102/20210203038000.shtml。

[②] Igbini Daniel, Oluka Lucas and Oharisi Jeremiah, "Nigeria and the United Kingdom Diplomatic Relations: The emerging Issues in the Post-Brexit Era", *International Journal of Research and Scientific Innovation*, Vol.7, July 2020, p.3.

使尼日利亚必须更审慎对待与邻国之间的关系。① 另一方面，尼日利亚以和平友好的外交政策成功解决了与喀麦隆、乍得等国在历史上的领土纷争问题，如2006年8月，尼日利亚从与喀麦隆存在领土纠纷的巴卡西半岛撤军，并于2012年10月正式宣布放弃上诉国际法院关于半岛归属喀麦隆的判决。

尼日利亚与中国关系友好，两国互为重要战略伙伴。中尼于1971年建交，尼日利亚是支持中国重返联合国的国家之一，中国则在尼日利亚备受西方孤立的军政府时期给予尼方支持。中国常年位居尼日利亚第一大进口国地位，2018年中国向尼出口134.1亿美元，增长10.3%；进口18.6亿美元，增长14.6%。② 中尼两国早在1972年12月就签署了《经济技术合作协议》，其后一再续约，2018年两国又签署了《中尼双边本币互换协议》。尼日利亚在港澳台问题上坚持"一个中国"原则，现任总统布哈里高度评价"中非合作论坛"在促进两国合作方面的重要意义。此外，中国还帮助尼日利亚训练军队，协助打击"博科圣地""伊斯兰国"等恐怖组织。当前，尼日利亚国内

---

① B. S. Ogbu, O. P. Olakunle, "Nigeria and Her Immediate Neighbours in the Post Colonial Era: A Critical Analysis", *Advances in Social Sciences Research Journal*, Vol. 6, No. 4, April 25, 2019, p. 317.

② 《中国—尼日利亚经济合作简况》，2019年2月21日，中国商务部网站，http://www.mofcom.gov.cn/article/jiguanzx/201902/20190202836830.shtml。

对中国的印象整体良好，是非洲地区对华好感度最高的国家之一，赞同学习中国的工业化道路，但其国内个别人士对两国关系也有一定质疑，主要包括批评两国贸易逆差过大，质疑中国在尼企业技术转移的诚意以及解决尼就业问题的能力等。[①]

在当前新冠肺炎疫情导致尼日利亚经济衰退的背景下，预计布哈里政府未来的外交将更加着眼于实际的经济收益。尼日利亚将继续与欧佩克国家、俄罗斯等国协调产能以稳定油价，保证石油出口收益。尼日利亚将进一步保持与美、英、法等国的紧密合作，在出口关税、援助、安全合作等领域寻求支持。尼日利亚将进一步与中国、日本、印度等新兴市场在油气贸易、投资、援助、基础设施建设等方面加强合作。此外，在联合国改革、非洲一体化及地区反恐等事务上，尼日利亚将继续坚持"广交朋友"的外交原则，寻求包括非洲国家和域外大国的合作，同时加强自身在非盟、西非经济共同体等地区组织中的领导地位。

---

① Ebere Adigbuo, "Nigeria-China Relations: The Contemporary Challenges", *The Journal of Social Sciences Research*, Vol. 5, No. 4, 2019, p. 928.

二 尼日利亚宏观经济发展与政策规划

（一）宏观经济发展状况

1. 宏观经济发展历程

从殖民地时期一直到1970年，尼日利亚经济一直以农业为主。殖民期间，英国在尼日利亚大力推动农业生产，使尼成为英国工业原料生产地。这一时期，棕榈油、玉米粒、可可、棉花、花生和橡胶是尼主要产品。1960年独立后，尼基本继承了以农业为主的经济结构，直到1967年，农业产值占GDP比重仍高达63%。[①] 工矿业也是该时期尼经济支柱之一，尼出产的煤、锡、石油和黄金同样给宗主国带来了巨大的利益，

[①] Mustapha A. Akinkunmi, "Nigeria's Economic Growth: Past, Present and Determinants", *Journal of Economics and Development Studies*, Vol. 5, No. 2, June 2017.

也成为该国独立后重要的经济部门。

20世纪60年代，尼石油行业开始逐渐发展起来，原油产量从1962年的246亿桶增加到1967年的1165亿桶。1973年后国际油价的上涨进一步推动了经济快速发展，1971—1977年，国内生产总值年均增长超过6%，人均国民生产总值从独立前夕的约1220美元上升到约1800美元。① 20世纪80—90年代，由于国际油价下跌、政治动荡以及"结构调整"政策的阵痛，尼经济表现不佳。进入21世纪，随着2003—2014年高油价时代的到来，加之国内市场经济体制逐步完善，尼经济进入高速发展期，2013年尼GDP占整个西非地区GDP总和的55%。② 据世界银行数据，2000—2014年，尼经济保持年均7.29%的稳定高速增长。

2014年下半年起，随着国际原油价格的暴跌，尼经济增速出现断崖式下跌，2015年经济增长率仅为2.79%。此后受制于财政状况、税收制度和经济结构性问题的影响，尼经济增长乏力，2016年出现负增长。2017年经济开始逐步恢复，原因包括制造业、服务业、通信、农业和金融保险等行业的推动，原油价

---

① Mustapha A. Akinkunmi, "Nigeria's Economic Growth: Past, Present and Determinants", *Journal of Economics and Development Studies*, Vol. 5, No. 2, June 2017.

② "The Nigerian Economy: Reforms, Emerging Trends and Prospects", CPED Monograph Series, No. 8, 2014, p. 3.

格回升带来的溢出效应以及营商环境的改善,当年经济增长率上升至 0.83%。其后,尼经济复苏态势持续,2019 年 GDP 达 4481.2 亿美元,比 2018 年增长 2.27%。2019 年开始的新冠肺炎疫情使全球经济陷入低迷,国际贸易和国际投资萎缩,尼经济再受重创,2020 年前三季度尼出口重挫 44%,进口额也因贸易中断、外汇短缺下降 16%,[①] 当年经济出现负增长,为 -1.79%[②](如图 1 所示)。但 2020 年该国 GDP 超过 4320 亿美元,仍稳居非洲第一大经济体。在经济复苏较慢的现实下,尼债务规模进一步扩大,债务占 GDP 比重从 2018 年的 19.3% 上升到 2020 年的 25.2%,在

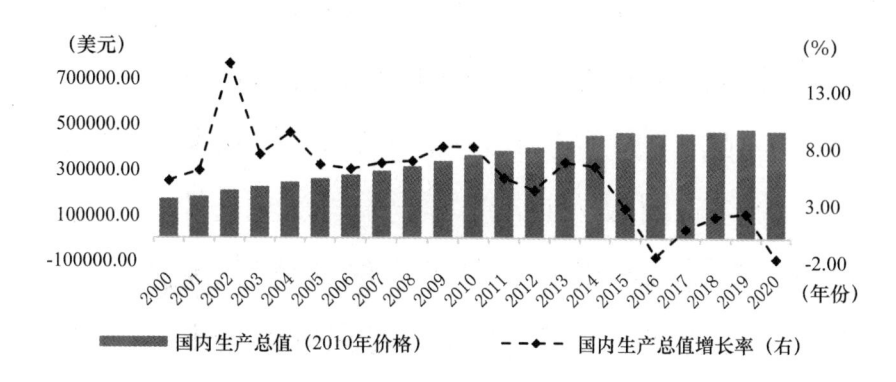

图 1　2000—2020 年尼日利亚 GDP 及增长率

资料来源:World Bank。

---

①　"Macro Poverty Outlook——Nigeria", April 2021, World Bank Group, WDI.
②　"GDP Growth (annual%) -Nigeria", World Bank, https://data.worldbank.org/indicator/NY.GDP.MKTP.KD.ZG?locations=NG.

此情况下，联邦政府层面的息税比已达90%，存在一定的债务违约风险。在民生层面，由于尼通胀率从2019年的11.4%上升到2021年的17.3%，国内食品等生活必需品的价格明显上涨。在疫情冲击下，国内工作机会和工资水平都受到明显影响，导致贫困率在2021年增至42%以上。尼政府计划在2022年前将疫苗接种率提升至70%，但在目前全球疫苗供需矛盾尖锐的现实下恐怕很难实现。

为应对新冠肺炎疫情导致的经济衰退，尼政府制定了《2020年经济可持续发展计划》，分为"概况""财政货币举措""实体部门举措"三个部分，试图采用组合拳推动经济复苏。"概况"部分详细分析了该国经济发展面临的挑战、该计划做出的依据和对未来经济的预测，"财政货币举措"部分包括紧急财政干预、石油与非油收入调整、减少非必要支出、调整货币政策、支持各州财政、寻求立法支持等，"实体部门举措"包括保证粮食安全、实现家庭就业、发展太阳能、青年和女性就业支持、技术就业策略、中小微企业支持、道路建设和修复、完善医疗和急救部门、发展社会投资、复兴民航业、确保继续教育、科学和技术进步、国内安全保障、提升采掘价值链、电视数字化等。进入2021年第二季度，随着疫情相对稳定和油价回升，尼当季经济增速达5.01%。

2. 经济结构和产业结构

尼日利亚第三产业产值占GDP的半壁江山，农业有一定发展，除油气产业外的其他工业基础薄弱。2021年第二季度，尼服务业产值占GDP的比重达55.66%，农业产值占比为23.78%，工业产值占比为20.57%。[①]

尼日利亚工业化任重道远。2011年，尼工业产值增长仅2.5%，工业部门对GDP的贡献仅有4.2%。至2013年，尼工业与建筑行业对GDP的贡献之和才达到9.5%，生产生活所需的机械装备普遍需要进口。到2021年，尼工业与建筑行业对GDP的贡献之和才达到9.5%。值得一提的是，尼建筑业在经过2020年的"至暗时刻"后触底反弹，2021年第二季度增长47.11%，是疫情以来恢复最迅速的主要经济部门之一。尼经济增长严重依赖油气行业，经济结构单一性特征明显。油气收入是尼最重要的经济收入来源，贡献了超过80%的出口收入和50%以上的财政收入。[②] 2014年国际油价下跌以来，尼油气产业受损严重。2019年，尼油气产业产值约12.65万亿奈拉（约合

---

① "Nigeria Gross Domestic Product Report (Q2 2021)", August 2021, National Bureau of Statistics, p. 7.

② "Economist Intelligence: EIU Country Report, Nigeria", July 2021, http://country.eiu.com/nigeria.

412亿美元），占GDP的8.78%；原油出口478.5亿美元，占总出口额的76.54%。当前，国际石油价格将会对尼日利亚的经济增长率、负债率、通胀水平等经济指标产生明显影响，很大程度上决定着该国经济发展的走势。

农业是尼日利亚另一大支柱产业。2011年，尼农业产值贡献了40%的GDP，农业部门雇用了70%的劳动力。随着油气行业的发展和进口替代政策的实施，原本作为经济支柱的农业陷入了相对衰退。农产品出口占出口总额的比重从1965年的65%降至2012年的3%，对GDP贡献从1960年的63%降至2012年的约31%。[①] 在新冠肺炎疫情冲击下，2020年第二季度农业产值衰退13.54%，至2021年第二季度，尼农业产值占GDP比重为21.42%。[②] 尼政府随后出台了一系列推动农业发展的政策，致使2021年第二季度农业产值增长1.03%，其中谷物生产占农业部门总产值的68.6%。由于受到新冠肺炎疫情等因素的影响，尼政府在《经济复苏与增长计划》中提出的2018年实现大米自给自足、2019/2020财年实现小麦自给自足等目标均未实现。受制于经济增长缓慢、经济资源分配有

[①] "The Nigerian economy: Reforms, emerging trends and prospects", CPED Monograph Series, No.8, 2014.

[②] "Nigeria Gross Domestic Product Report (Q2 2021)", August 2021, National Bureau of Statistics.

待优化等原因，未来农业发展速度不容乐观。

为实现经济多元化发展，尼政府高度重视服务业发展。随着旨在推动经济多元化的《经济复苏与增长计划（2017—2020）》的实施，尼国内以贸易、通信、交通为代表的第三产业发展迅速。以贸易为例，2021年第二季度贸易额增长23.27%，对GDP贡献达14.38%，贸易在疫情略平稳之后的回弹无疑有助于尼经济复苏。信息与通信业作为近年来的新兴产业发展势头迅猛，目前对GDP贡献达12.22%，是尼政府重点推动的非油气新兴产业。

当前，尼日利亚经济发展仍受制于经济结构单一的制约，长期来看，尼经济若想在疫情之下实现稳定复苏需要加快推进非油气领域产业的发展，在2021年第二季度实现较好发展的贸易、通信、交通等第三产业是比较好的突破口。

3. 经济外向度

尼日利亚经济外向度较高，对外部资金和市场依赖性较强。近十年来，尼商品贸易存在顺差，但服务贸易逆差较大，整体国际贸易规模不断扩大。2019年，在国际低油价的冲击下，尼商品出口下降14.1%，为536亿美元；商品进口上涨10.1%，达474亿美元；商品贸易顺差为62亿美元。在服务贸易领域，尼服务出口 49 亿美元，进口 387 亿美元，逆差高达 338 亿美元。① 总体来看，尼在国际贸易中处于"入超"地位，较大且潜力有待开发的国内市场对跨国企业有一定的吸引力。

2017—2019 年，尼主要出口商品的前四位分别是石油及其制品（2019 年出口额约 410 亿美元）、天然气及其制品（2019 年出口额约 54 亿美元）、供拆卸的船舶及其他浮动结构体（2019 年出口额约 23 亿美元）和柔性油管（2019 年出口额约 21 亿美元）。同期主要进口商品的前四位分别是燃油（2019 年进口额约 71 亿美元）、车辆（2019 年进口额约 21 亿美元）、粮食（2019 年进口额约 13 亿美元）和医疗用品（2019 年进口额约 26 亿美元）。

尼前三大类出口商品目的国为印度、西班牙和荷兰，出口份额占比分别为 16.3%、10% 和 9.6%。2017 年 1 月，尼正式签署"贸易便利化协定"（TFA），成为世贸组织第 107 个正式接受该协定的国家，尼和欧洲之间的贸易将会进一步增加。尼前三大类进口商品来源国为中国、荷兰和美国，进口份额占比分别为 26.1%、9.3% 和 8.5%。② 总体来看，尼与

---

① "International Trades Statistics Yearbook-2020", 2021, United Nations.

② "International Trades Statistics Yearbook-2020", 2021, United Nations.

撒哈拉以南、南亚以及欧洲地区的国际贸易处于顺差地位,但与中国等东亚国家的贸易处于明显的贸易逆差地位。

4. 未来经济发展展望

据世界银行数据,2021 年尼日利亚 GDP 增长 3.6%。[①] 但尼未来经济增长前景依旧受到多重挑战。首先,该国虽然大力推进经济多元化发展,但经济增长对油气产业的依赖在短期内仍将持续,经济增长的脆弱性依旧。其次,尼政府债务规模在经济疲软的现实下进一步扩大,预计 2021—2025 年的国际平均油价可能在 63.8 美元/桶的水平,不足以弥补目前尼政府的财政赤字。有鉴于此,尼政府已经将公共债务警戒线定在 GDP 的 40%,预计 2025 年公共债务将达到 GDP 的 35.4%。[②] 同时,尼国内通胀水平也将进一步升高至 17% 以上。再次,在新冠肺炎疫情和人口增长的双重压力下,尼日利亚的绝对贫困人口将在 2020—2023 年上升至 1200 万人以上。在这种情况下,当前已经超过 30% 的失业率很可能进一步扩大,对经济发展和社会稳定构成严峻挑战。最后,在经济增长乏力与

---

① 资料来源:世界银行数据库, https://data.worldbank.org.cn/indicator/NY.GDP.MKTP.KD.ZG? view = chart。

② "Nigeria", July 2021, Economist Intelligence, https://country.eiu.com/nigeria.

非洲大陆自贸区协定逐渐落实的现实下，尼政府可能会出台更多偏向国内相关产业的贸易保护主义政策，比如近期出台的涉及 50 多种机械和农产品进口的外汇禁令，这类政策很可能加剧国内的通货膨胀和汇率的不稳定。

（二）宏观经济政策导向

尼日利亚主要的宏观经济政策和发展规划有以下几项。

一是 2020 年 9 月宣布实施的《2050 年尼日利亚议程和中期国家发展计划（MTNDP）》及《中期国家发展计划（2021—2025）》，均由新成立的国家指导委员会监督执行。国家指导委员会由中央工作组和 26 个技术工作组组成，监察上述《计划》执行情况，提供执行建议，确保上述《计划》在历届政府任期届满后继续执行。根据该《计划》，尼日利亚将于 2030 年前使大约 1 亿尼日利亚人摆脱贫困。之所以确定该目标，是由于据世界银行预测，到 2050 年，尼日利亚人口将超过 4 亿人，成为仅次于印度和中国的世界第三大人口大国。应对人口过快增长、促进就业与经济发展问题成为尼未来发展的重中之重。

《中期国家发展计划（2021—2025）》的愿景是充

分发挥公共、私营和社会部门的潜力，促进工业化和可持续发展，提高尼经济增长的包容性、整体发展水平和竞争力。战略目标包括：为多元化经济、中小微企业蓬勃发展和更具弹性的商业环境奠定坚实基础；加强对关键部门基础设施的投资；加强政府治理能力建设，提高社会安全水平；使民众享有受教育和医疗的权利等。该文件还计划在实施期间实现经济3.8%的年均增长率，其中非石油部门GDP增长达到4%，石油部门GDP增长达到2.1%；减少对石油部门的依赖，加强非石油部门的竞争力；创造更多就业机会，预计就业人数将增加约2500万人，其中1000万人来自直接增长影响，其他1500万人来自技能获取和其他政策干预影响；新增2500万人脱贫，将贫困率从2020年的40%下降到2025年的31%。[①]

尼日利亚中央银行（CBN）发布了未来五年发展规划，包括继续保持国内宏观经济及金融稳定，争取到2023年实现120亿美元的非石油出口，GDP实现两位数增长，通胀率降至个位数；不断拓宽尼日利亚融资渠道，提高国家金融包容性，争取2024年普惠金融覆盖率达到95%；继续保持可控的浮动汇率政策，以

---

① "Nigeria's Medium Term National Development Plan（MTNDP）-2021-2015", December 27, 2021, https：//nationalplanning.gov.ng/wp-content/uploads/2021/03/Nigeria-MTNP-2021-2025-Overview-of-Draft-Plan.1.pdf.

减少汇率波动对经济发展的冲击；对尼日利亚银行业进行资本重组，使银行资本基础达到25亿奈拉，跻身世界500强之列。尼日利亚特许银行家协会（CIBN）已经批准了对银行进行资本重组的举措。

尼日利亚出口促进委员会（NEPC）为推动本国经济多元化发展、大幅提高非石油产品的出口，推出了出口"零石油计划"，计划在未来十年内非石油出口超过300亿美元，长期目标是从非石油出口中获利1000亿美元，占尼日利亚GDP的20%，每年至少增加50万个就业岗位。作为实现可持续发展目标（SDG）的一部分，该计划还将使至少2000万尼日利亚人摆脱贫困。联邦政府致力于将出口"零石油计划"整合为联邦政府经济复苏与增长计划（ERGP）的核心组成部分，以实现出口多样化。在"零石油计划"之下，部分战略部门已经有了显著增长，例如自2016年以来，芝麻出口增加了1.53亿美元，增幅超过100%。腰果、化肥和皮革部门的出口也有了显著增长。尼日利亚中央银行已批准启动针对腰果、可可、棕榈油、芝麻和乳木果五种主要非石油产品的出口便利化倡议，这将帮助生产商获得贷款，进一步促进非石油产品的生产和出口。

二是2017年4月尼日利亚政府启动的《2017—2020年经济复苏和增长计划》（ERGP），规划了2017—

2020年的政策重点，旨在减少外部因素和全球经济周期对尼经济的影响，减轻对油气产业的依赖性，实现经济多元化发展。计划2017—2020年GDP年均增长率达到4.6%，2020年的GDP增长率达到7%。石油化工方面，计划将原油产量从2016年的约180万桶/天提高到2020年的250万桶/天，从而增加石油出口，使尼政府每年获得额外的8000亿奈拉（26.3亿美元）收入；大力发展石油炼化工业，2020年实现由成品油进口国向成品油净出口国的转型。[①] 在基础设施建设方面，将交通基础设施作为计划执行重点之一，该计划有效实施后，2020年将显著改善尼交通网络（公路、铁路和港口）。在电力方面，计划到2020年电力部门发电能力提升到10吉瓦（GW），改善能源结构，增加可再生能源的使用。在农业转型和粮食安全方面，计划2017—2020年农业年均增长率达到6.9%，农业部门将通过扩大作物生产，推动渔业、畜牧业和林业等部门建设，以及提升价值链来促进农业增长。在农业方面，将通过加强农业投资，实现番茄酱、大米和小麦的自给自足来推动粮食安全。到2020年，尼日利亚将成为大米、腰果、花生、木薯和植物油等主要农产

[①]《尼日利亚发布〈2017—2020年经济复苏和增长计划〉》，2017年3月13日，中非贸易研究中心网站，http://news.afrindex.com/zixun/article8591.html。

品的净出口国。在就业方面，该计划的实施预计将把失业率从2016年第三季度的13.9%降低到2020年的11.23%。这意味着在计划期间创造了超过1500万个工作岗位，重点将是提高青年就业率，确保青年成为优先受益者。① 在该计划的推动下，2018年以来该国的服务业尤其是ICT行业发展迅猛，带动了宏观经济好转；2019年，ICT行业对GDP的贡献率达13%。

三是尼日利亚预算和国家计划部发布的《2014—2043年国家综合基础设施总体规划（NIIMP）》。该规划将能源、交通、住房、供水和通信等基础设施列为发展重点领域，同时将推动农业、采矿、社会服务、人口登记和安全等设施的完善。该规划细分为3个十年战略规划和6个五年操作规划，在第一个五年（2014—2019年）期间，尼日利亚的基础设施投资计划从每年90亿—100亿美元（占当年GDP的4%），提升至每年250亿美元（占当年GDP的7%）。到2043年，基础设施领域累计投资预计达2.9万亿美元，其中48%依靠私人投资，为此政府将配套出台吸引私人资本的相关政策。该规划同时指出，尼日利亚政府

---

① "Nigeria's Economic Recovery And Growth Plan (ERGP), 2017 - 2020, Structural Outlook And Implementation Challenges", December 18, 2018, Cross River State Ministry of Finance, https://mof.cr.gov.ng/nigerias-economic-recovery-and-growth-plan-ergp-2017-2020-structural-outlook-and-implementation-challenges/.

对外国投资者参与当地基础设施投资持欢迎态度。

四是区域发展规划和地区鼓励政策。尼日利亚政府对投资尼经济落后地区的企业,给予7年免税的优惠及资本折旧补贴,还鼓励其投资首都阿布贾和第一大城市拉各斯以及三角州产油区。尼日利亚推动建设经济技术开发区、出口加工区和保税区,主要由工业贸易和投资部下属的出口加工区管理局(NEPZA)牵头负责,该局成立于1992年,旨在推动尼日利亚合作区投资建设、提供配套服务、简化审批流程、吸引外国直接投资、改善投资环境、创造就业机会、增加外汇收入、加强技术转让、提高制造业水平、促进非石油行业发展。该局成立后颁布了《尼日利亚63号法案》。2014年,时任总统乔纳森签署了《尼日利亚工业改革计划》(NIRP),作为尼工业发展五年规划,也将合作区建设作为重点工作之一。根据有关规定,经济合作区内企业可享受免除各级政府税费、进口原材料关税、增值税等有关税收;外资投资股本可随时撤出;签证配额不受限制;产品可自由销往全国各地以及24小时电力供应;一站式服务;园区内不得罢工等优惠政策。但在实际执行中,因尼日利亚海关、财政部、工业、贸易和投资部、出口加工区管理局等部门间缺乏协调配合,很多优惠政策难以落地,且出口加工区管理局管理方式较弱,合作区所在州政府对运营管理拥有更大话语权。

1992年开始，尼日利亚在十字河流州建设了第一个自贸区——卡拉巴尔自贸区。经过20多年的发展，目前尼日利亚已有37个各类经贸合作区（包括工业城、出口加工区、自由贸易区、保税区、物流园区、科技园、旅游度假中心等各种形式的园区），分布在25个不同的州和联邦首都特区。其中包括14个在运营园区（包括奥贡广东自贸区和莱基自贸区），8个已建成待运营园区和15个在建园区。据尼日利亚出口加工区管理局统计数据，已入园企业近400家，总投资规模近825亿美元，另有8个园区待审批。尼日利亚联邦政府和州政府广泛参与各园区建设经营，以土地或资金入股。尼日利亚现有园区根据地域特点，侧重不同投资重点，主要涉及制造业、仓储物流、食品加工、油气化工、地产开发、休闲购物等行业。

五是对外资的鼓励政策。尼日利亚对外资的投资鼓励分为两大类。一类是行业鼓励政策，政府给予农业、制造业、基础设施建设等69个细分领域投资优惠鼓励政策，各类企业可享受政府5—7年的税收优惠，同时对研发类企业施行税收优惠甚至免税政策；另一类是地区鼓励政策，对投资经济相对落后地区的外资予以税收优惠及补贴，同时对阿布贾、拉各斯及三角州产油区的外资予以政策鼓励。

（三） 主要产业发展方向与规划

尼日利亚主要产业的发展情况与规划方向如下。

1. 油气业发展与规划方向

油气业是尼日利亚最核心的产业。该国在油气产业的发展着力点主要有三。一是推动新的油气产业立法。2021年7月，拖延已久的《石油工业法案》终于获得国民议会的批准，预计年底前将正式成为法律。《石油工业法案》旨在打造一个透明和强有力的监管架构，为尼日利亚油气行业创造有利的投资环境，鼓励更多资本流入，以推动尼经济增长。二是推动零气体燃烧。由于技术条件限制，长期以来，该国天然气年平均产量的约70%被利用，约30%被空排或空烧。为推动零气体燃烧，联邦政府着手推动"综合天然气利用总体规划"，包括发展液化天然气（LNG）电厂和独立发电厂（IPP）等措施。正在建设的天然气电网基础设施，使优质天然气在主要工业厂房和家庭中实现灵活的输送。三是推动炼油能力的提高。尼国内炼油能力不足，仅能达到石油产量的24%，90%的石油产品需要进口，每年需花费高达35%的外汇储备。OPEC数据显示，尼过去5年间总共花费2645.7亿美元进口石油产品。尼国家统计局指出，2019年1—9月本国汽油进口支出高达1.13万亿奈拉（约合27.20亿美元）。国有企业尼日利亚国家石油公司（NNPC）占石油产量的50%以上，占天然气供应的40%以上。为推动炼油能力的提高，尼逐渐把石油和天然气下游产业向私营资本开放。尼还创新了运营模式，即尼国家石油公司作为资产所有者身份维持不变的情况下下调持股比例，让外资或私人投资者为大股东且同时担任运营商。

2. 农业发展与规划方向

尼日利亚具有发展农业的良好自然条件，土地肥沃，气候适宜。农业用地面积7080万公顷，占国土面积的76.6%。农业是尼重要产业，2019年农业产值约31.88万亿奈拉（约合767.60亿美元），占GDP的22.12%。尼目前只有40%的农业用地在进行耕种，农业生产一般以家庭为单位，在小块土地上进行分散经营，生产力水平低；由于人口众多，国内生产无法满足需求，已连续20年成为食品净进口国，且食品进口与出口之间的差距还在持续扩大。近10年来食品进口费用年均增长11%，主要进口农产品有小麦、大米、棕榈油、糖、鱼类等。主要出口农产品有可可、腰果、橡胶、芝麻、棉花等，是世界第四大可可生产国和第三大出口国。

农业生产对尼创造就业、减轻贫困、保证国家粮食安全、摆脱经济对石油和天然气的过度依赖、实现经济多元化发展和财政收入多元化具有十分重要的作用。为推动本国农业发展，尼政府禁止某些农产品进口或对其进行进口购汇限制，先后出台了《农业转型议程2011—2015》《农业促进政策2016—2020》等指导性文件。《农业促进政策2016—2020》提出农业增长速度要实现翻番，增加农业产值在GDP中的比重；大幅减少食品进口，成为关键农产品的净出口国；把农业生产价值链整合到国内外工业供应链之中，扩大就业，提高农产品附加值，增强农产品出口创汇能力；实现番茄酱、稻米和小麦自给自足等。尼政府还推出了5年免征公司所得税、免除增值税、贷款税免征利息等优惠措施鼓励投资农业。

3. 油气业外的其他工业部门发展与规划方向

尼日利亚制造业落后，为推动制造业的发展，政府先后出台了多项措施，包括禁止某些制造业产品进口、对某些制造业产品实施禁止进口购汇以及对投资制造业的企业给予优惠政策等。在这些政策的带动下，制造业近年一直在缓慢增长。纺织服装和制鞋业是尼为数不多的制造业门类，产值约占全国GDP的2%。但是，由于人口快速增长，对服装的需求巨大，该行业无法满足国内需求，仍需大量进口。尼缺少棉花加工厂，导致种植原棉出口，本国纺织业反而严重依赖原料进口，使纺织业的国际竞争力减弱。为继续推动纺织业发展，尼政府采取了一些举措，如由尼工业银行（BOI）管理的纺织服装干预基金，旨在改造该行业，保护其免受无关因素的影响。尼日利亚的基础设施建设和房地产行业都有较大的发展空间。尼政府将基础设施建设视为经济增长的助推剂，以《2014—2043年国家综合基础设施总体规划（NI-IMP）》为总指导，正在积极推进拉各斯—卡诺标准轨距铁路、埃努古—哈科特港双车道、奥尼查—埃努古高速公路、宗盖鲁700MW水力发电站等一大批基建项目。

4. 服务业发展与规划方向

近年来，尼日利亚服务业发展迅速。2014—2019年，服务业产值一直占尼GDP的52%以上（如图2所示），已是经济增长引擎，创造了大量外汇和就业岗位。目前，尼服务业的主要门类包括电信、信息与通信技术、金融服务、旅游和创意产业。信息和通信行业是尼最重视的服务业门类。尼信息和通信市场是世界上发展最快的市场之一，主要新兴市场电信运营商，如MTN、Etisalat、Zain、Globacom等都在尼开展了业

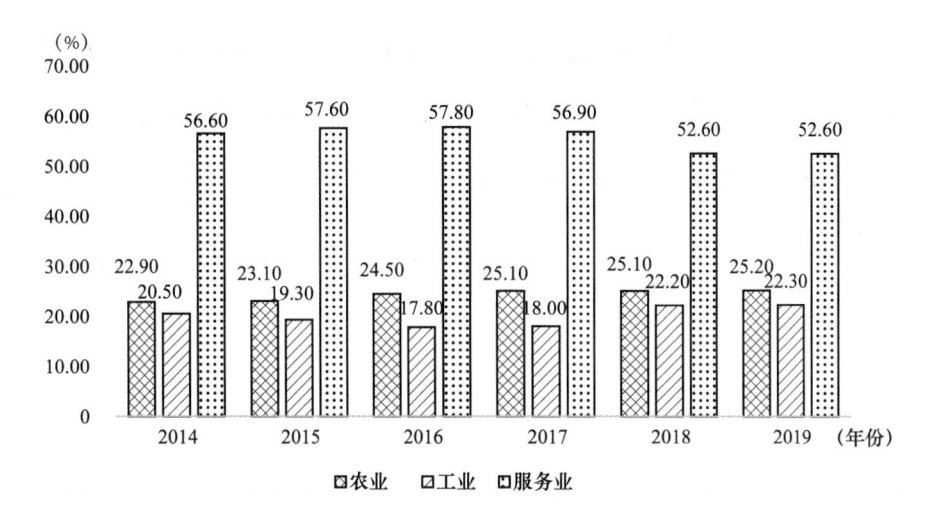

图 2　2014—2019 年尼日利亚农业、工业、服务业占 GDP 比重

资料来源：National Bureau of Statistics。

务。2020年第四季度，信息和通信行业增长14.7%，是尼增速最高的部门，这与新冠肺炎疫情带来的线上需求爆棚有关。尼政府正在制定发展计划，以创建"数字尼日利亚"为愿景，促进采用国家加密货币。尼通信和数字经济部、国家信息技术发展局（NITDA）已制定了采用国家区块链的蓝图，《国家区块链应用》正在征求公众意见。区块链工作组（BTF）将由国家数字经济委员会（NDEC）支持，成员来自主要利益相关者团体、相关政府机构和私营运营商。BTF将由尼日利亚国家信息技术发展局支持。尼日利亚将组建区块链联盟，推动数字经济策略的实施。尼政府还启动了5个数字经济项目，旨在使国家经济从自然资源型经济向知识型经济转变。这5个项目是贡贝州立大学 NITDA 信息技术中心、联邦大学 Kashare 的 NITDA 创新与孵化园、Tudun Wada 信息和通信技术社区中心、Dukku 信息技术培训中心和尼日利亚通信卫星区域办事处。

三 尼日利亚开展产能合作的宏观基础环境

（一） 财政收支矛盾突出

当前，尼日利亚面临着较严重的财政危机。新冠肺炎疫情导致全球经济陷入低迷，也对尼日利亚经济造成了严重的负面冲击，致使该国商业活动萎靡，供应链紊乱，财政收入减少，财政支出不断增加，尼政府正在承受比2016—2017年石油价格下跌导致的财政困难更为严重的财政挑战。据世界银行数据显示，2019年尼政府财政收入占GDP的8%，2020年降低到5%左右，为全球最低水平。

尼日利亚在财政收入方面有三个问题。其一，尼日利亚的财政收入受国际油价影响明显。2014年以来，随着国际市场油价下跌，尼经济受到较大冲击，财政收入减少。2015年之后，财政收支缺口开始不断扩大。2017年开始，国际油价有所回升，尼财政收入有所增加。但2018年10月起，国际油价再次下跌，对尼财政收入带来不利影响（如图3所示）。财政收入来源相对单一导致了该国财政的脆弱性。其二，尼日利亚非石油实体经济部门持续疲软，2020年后更是出现了经济衰退、贸易减少的情况，严重制约了非石油收入对财政收入的贡献。其三，税收收入仅占尼GDP的7%左右，属全球最低行列。根据税制理论，税收有内在稳定器的作用，能够随着经济周期自动调整，起到抑制经济过热或是缓解经济压力的作用，税收收入的长期严重不足给尼财政收入的稳定和经济增长都带来了不利影响。

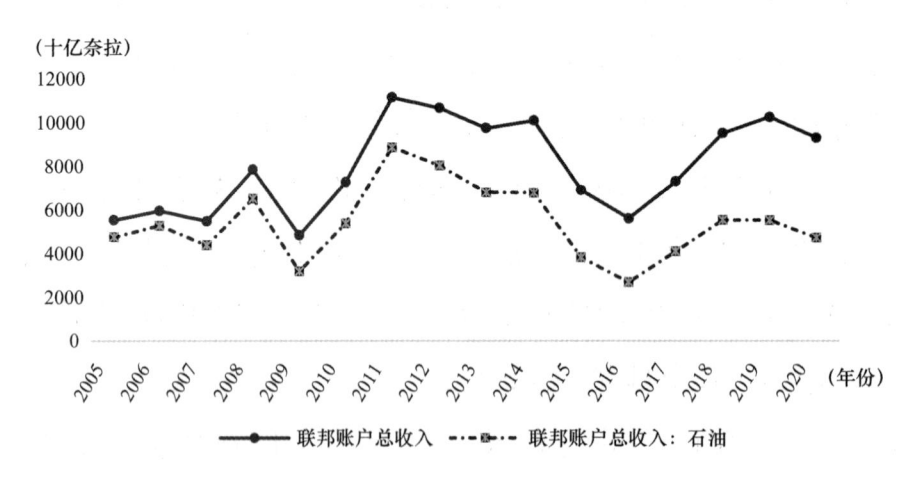

图3 2005—2020年尼日利亚财政收入及石油收入情况

资料来源：Central Bank of Nigeria。

尼日利亚财政收支矛盾突出，财政赤字持续存在。据尼日利亚预算办公室数据显示，在过去30年中，除1995年和1996年外，尼一直处于财政赤字状态，且自2015年以来财政收支缺口不断扩大，2019年财政收支缺口已达51.9%。由于财政收入严重不足，尼政府在国内和国际市场大量举债，债务总额已达812亿美元，而2015年还仅为650亿美元。由于财政收入水平过低，偿债支出已占尼实际财政收入的一半左右。受2020年3月开始的国际油价下跌的影响，2020年尼政府财政收入仅为3.66万亿奈拉；但抗击新冠肺炎疫情和刺激经济复苏的刚性财政支出不断增加，2020年政府财政支出9.40万亿奈拉，财政赤字5.74万亿奈拉，财政赤字规模创历史新高（如图4所示）。由于尼经济结构单一，短期来看，解决尼财政收入结构失衡和财政收支矛盾，主要还需依靠国际油价的提高与石油收入的增加。长期来看，尼政府致力于经济多元化发展，实现税收来源多样化是解决财政问题的根本出路。

（二） 通胀率和失业率高企

尼日利亚国家统计局（NBS）的数据显示，2019年8月，尼日利亚曾一度关闭陆地边界，并限制48种可在当地生产的商品和农产品的进口，推高了尼国内

(十亿奈拉)

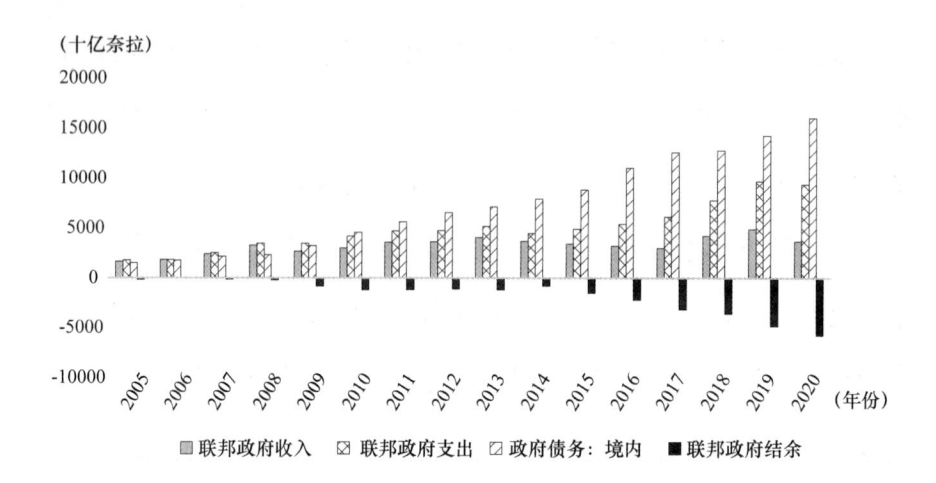

图4 2005—2020年尼日利亚财政收支及政府债务

资料来源：Central Bank of Nigeria。

食品价格，令通胀有所上升。2020年10月，尼通货膨胀率同比上涨14.23%，比9月份的13.71%高出0.52个百分点。其中，2020年10月的综合食品指数同比上升了17.38%，10月通货膨胀率创下自2018年2月以来的最高位。其中，通胀压力主要来自食品，不少食品涨价超过100%。受新冠肺炎疫情蔓延、油价低迷和持续的抗议示威引发的动荡等多方面因素的影响，尼的通胀进一步加剧，导致供应链瘫痪，大部分领域的商业活动停滞，农产品价格飙升，使衡量通胀率的消费者价格指数（CPI）从2021年1月的16.47%上升到2月的17.33%。食品价格上涨主要是由面包、谷物、鱼、土豆、山药和其他蔬菜、肉类、油脂、水果等价格上涨造成的。2021年2月食品价格上涨21.79%，高于1月的20.57%，这是近20年以来尼日利亚食品价格涨幅的最高点。剔除波动较大的食品价格后，2月的核心通胀率为12.38%，高于前一个月的11.58%。尼日利亚消费者价格指数在2017年2月曾触及17.78%的历史高位，2021年2月的17.33%也创下近四年来通胀率新高。而在通胀率上升的同时，失业率也进一步上升，根据尼国家统计局2021年3月15日公布的数据，该国2020年第四季度失业率达33.3%。通胀率和失业率的高企成为影响尼经济走向的主要原因。

（三）外债负担沉重，用于发展的资源受限

债务问题是长期制约尼日利亚经济发展的重要因素。2000—2004年，尼日利亚的债务总额长期保持在300亿美元左右，2004年达359.15亿美元。当年，尼政府设立了债务管理办公室（DMO），旨在改变该国随意、高息的不合理举债困局。尼政府还积极推动国际债权方给予债务减免，以带动经济增长、提高政府财政收入的内生动力、改变依赖政府发债弥补预算赤字的被动局面。2005年，尼与巴黎俱乐部的债务重组协议签署，2006年该国外债一度减至50亿美元，债务形势得到有效缓解。加之当时国际经济繁荣，国际油

价不断上涨，尼财政收入增长较快，预算处于盈余状态，债务偿还较多。从外债总额看，2006年低于40亿美元，2007年和2008年为历史最低水平，分别为36.5亿美元和37.6亿美元。从负债率来看，2005年为18.2%，降到了国际公认的安全线之内。2006—2008年的负债率分别为2.4%、2.2%和1.7%。此后十年间，一直保持着适度稳定的外债规模，负债率保持在低于3%的水平（如图5所示）。从偿债能力来看，2006—2016年的偿债率一直保持在稳定、安全的水平。这一阶段，尼日利亚基本处于债务可持续的理想状态。

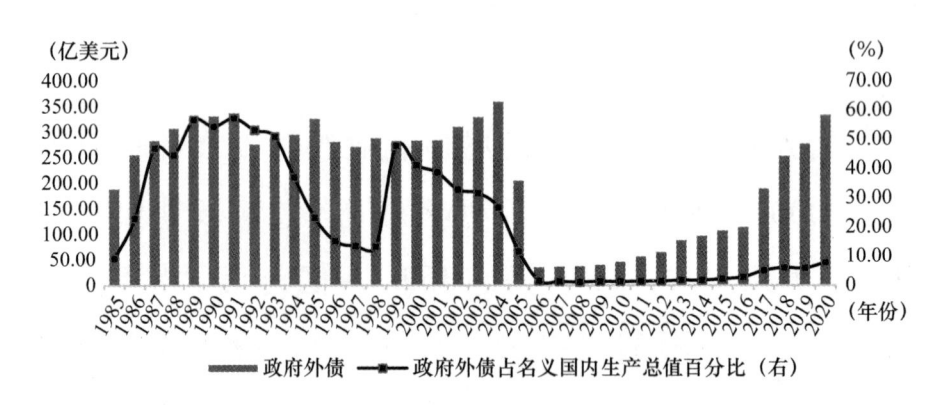

图5 1985—2020年尼日利亚政府外债情况

资料来源：CEIC Data，Debt Management Office Nigeria。

2016年以后，尼外债增速加快，从2016年的114.1亿美元增加到2020年的333.48亿美元，外债总额创历史新高。主要原因是国际大宗商品市场疲软，导致该国经济增长陷入"泥沼"。2015—2016年，尼经历了严重的经济衰退，通货膨胀高企，经济陷入萧条。2016年，尼货币汇率暴跌40%，政府不得不实行汇率管制。2019年之后，国际原油市场不振与新冠肺炎疫情导致的世界经济整体衰退相互叠加，使尼债务压力进一步加大。当前，尼很多州的财政收入严重不足，依靠政府每月的拨款度日。截至2020年年底，尼债务率为82.39%，尚未陷入国际公认的警戒线100%。

尼日利亚内债问题同样严重。在尼日利亚《2012—2015年中期战略规划》中，联邦债务管理办公室（DMO）计划改善公共债务结构，减少内债增加外债。2018年，尼内债总额已高达511.25亿美元，占债务总额的70%，是外债总额的2.3倍。2020年，尼联邦和各州政府公共债务约达863.93亿美元，同比增长20.15%。其中外部债务约333.48亿美元，同比增长40.91%；内部债务约530.44亿美元，同比增长8.98%；联邦政府债务占81.76%，各州政府债务占18.24%。在新冠肺炎疫情、财政收入、出口贸易、货币贬值等多重因素影响下，尼内债问题进一步加重。截至2021年3月31日，尼公共债务总额高达33.107万亿奈拉（约合872.39亿美元），占GDP的21.13%。内债利息等债务成本过高，给政府带来巨大的财政压力（如图6所示）。

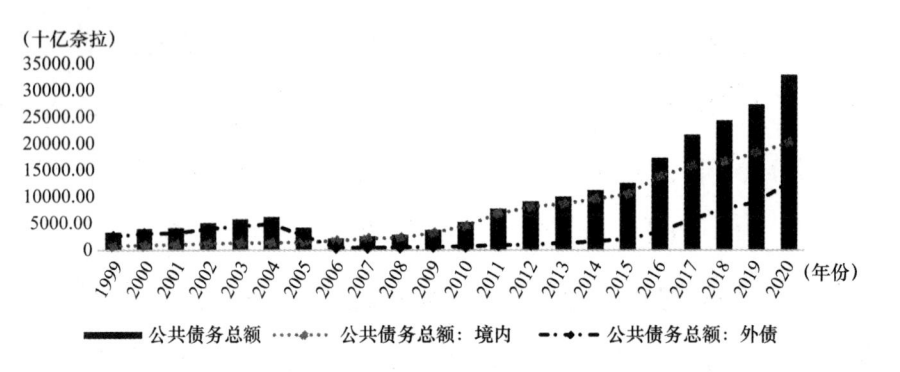

图 6　1999—2020 年尼日利亚政府公共债务

资料来源：Central Bank of Nigeria, Debt Management Office Nigeria。

尼债务总额占 GDP 的比重逐年上升。自 2015 年起，债务总额已超过 GDP 的 1/5（如图 7 所示），政府推动债务减免的努力未能扭转颓势，债务严重挤压了经济社会发展空间。一方面，政府债务迫使政府减少投资和消费以偿还借款；另一方面，为支付债务利息，不得不征收更高的税，由此带来的低效率进一步损害了长期经济增长。

随着美国不断上调美元利率，尼债务成本居高不下，债务正在变得越来越不可持续。2005 年尼外债利息支出为 49.44 亿美元，为历史峰值，2006 年以后有所回落。2016 年以后迅速递增（如图 8 所示），2018 年又达到 13.23 亿美元。尼债务的整体利率水平在 2017 年时为 13%—14%，2018 年降至 11%—13%。从尼的偿债率来看，仍低于国际公认的 20% 的警戒线，表明尼尚有承受巨额债务的还本付息能力。2018

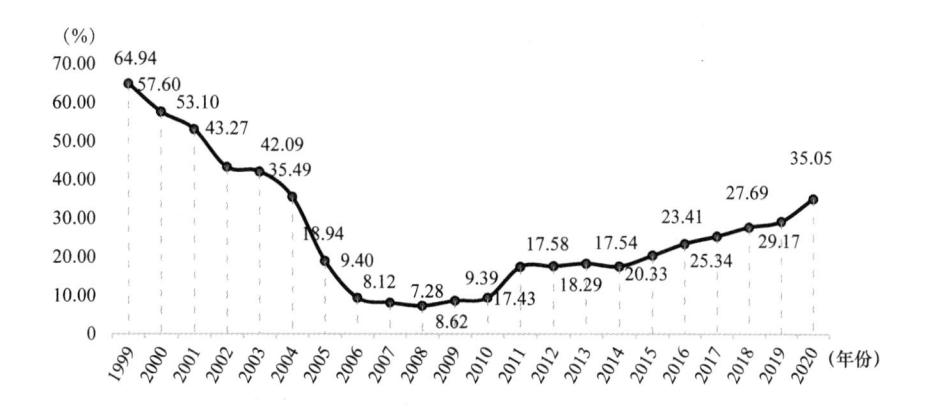

图 7　1999—2020 年尼日利亚政府公共债务总额占国内生产总值百分比

资料来源：International Monetary Fund。

年尼短期外债占总外债的比例为 1.23%，远低于 10%。长期外债在 2009 年以后一直高居外债总额的 95% 以上，短期债务违约风险可控（如图 9 所示）。但尼债务总量不断积累，债务偿还支出持续增加，同时财政收入增长能力不足，债务偿还压力大，高额利息支付也在增加该国的信贷风险。如果债务压力持续加大，未来有陷入债务危机的可能。2021 年 8 月 11 日，世界银行将尼日利亚列为高债务风险国家。国际信用评级机构穆迪公司将尼长期本外币主权信用评级维持在 B2 级，展望稳定。该评级结果表示尼信用风险较高，保障债务安全的能力较弱，目前虽能够偿还债务本息，但由于经济结构单一、政府效率偏低等问题，负债能力的改善难度较大，赤字水平可能会进一步升高。

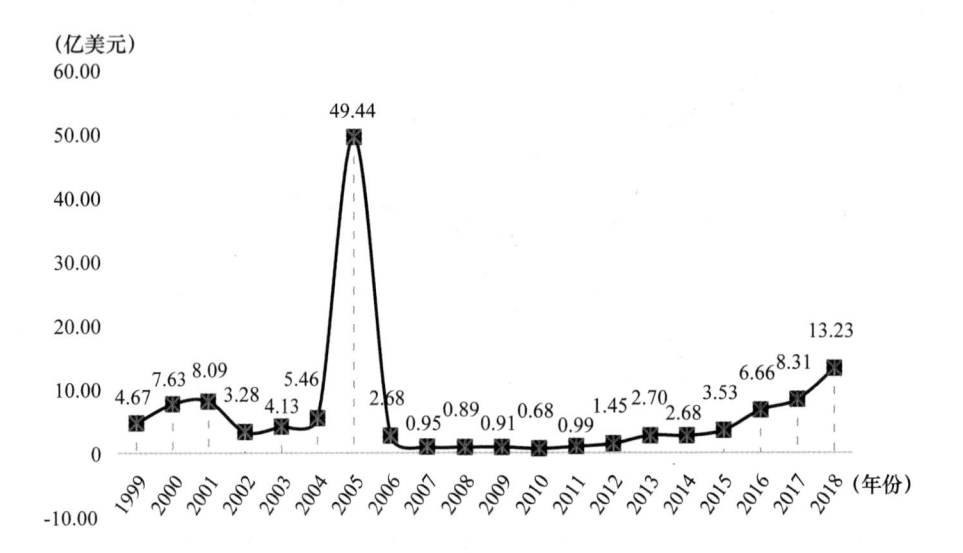

图 8　1999—2018 年尼政府外债利息支付总额

资料来源：World Bank。

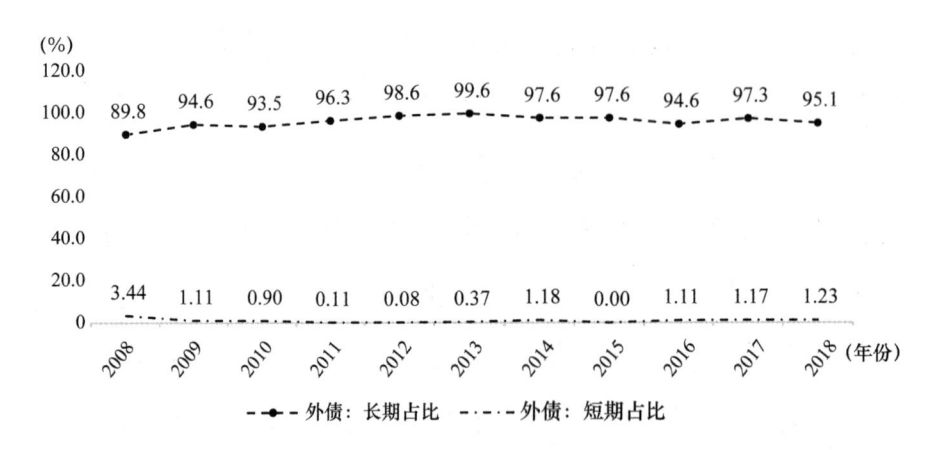

图 9　2008—2018 年尼日利亚政府不同期限外债占比走势

资料来源：Debt Management Office Nigeria。

从外债类型来看，尼外债主要来源于国际多边金融机构、商业债券、双边贷款和私营贷款。2020 年尼外债余额为 333.48 亿美元,其中联邦政府外债占比 73.1%,地方州政府外债占比 26.9%。来自多边机构的外债为 179.33 亿美元,占外债总额的 53.78%。其中,来自国际货币基金组织的债务为 35.35 亿美元,来自世界银行、非洲开发银行等多边机构的债务分别为 115.32 亿美元、28.66 亿美元。双边债务为 40.59 亿美元,占外债总额的 12.17%;其中,来自中国的债务为 32.64 亿美元,占外债总额的 9.79%,较 2019 年年底增加了 2.8 个百分点。商业贷款则是以欧洲债券为主,金额为 111.68 亿美元,占外债总额的 33.49%(如图 10、图 11 所示)。

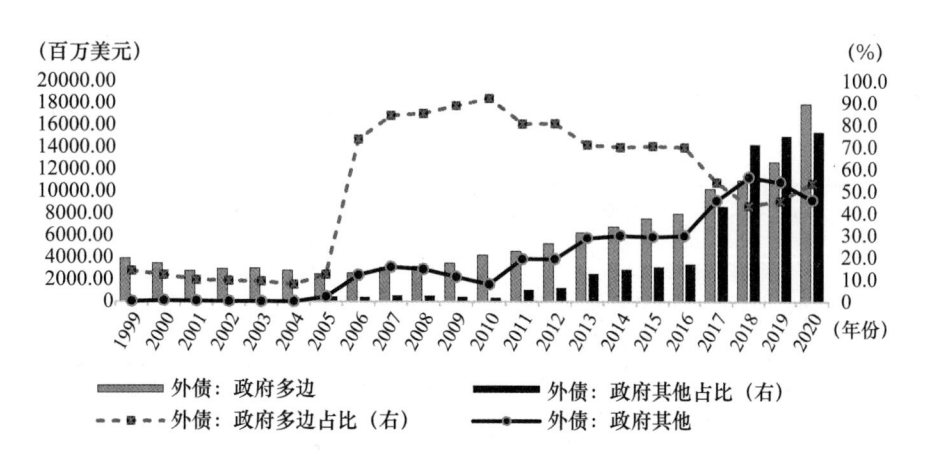

图 10 1999—2020 年尼日利亚政府多边外债及其占比

资料来源:Debt Management Office Nigeria。

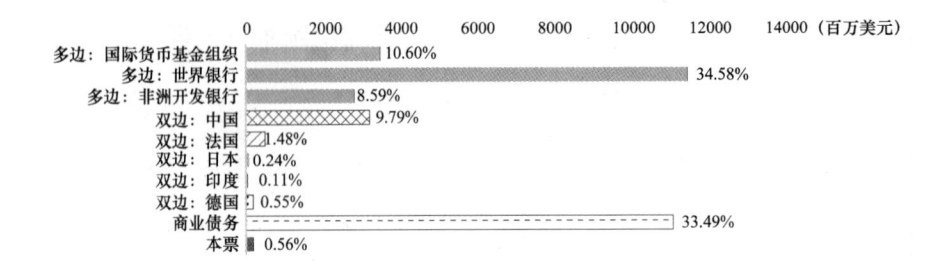

图 11　2020 年尼日利亚政府外债构成

资料来源：Debt Management Office Nigeria。

（四）　金融体系相对完备，融资成本较高

尼日利亚是西部非洲的金融和商业中心，尼日利亚金融市场由银行、证券、保险等金融机构和金融监管机构共同构成，主要金融机构如表1所示。

表1　尼日利亚主要金融机构

中央银行（1家）	尼日利亚中央银行（Central Bank of Nigeria, CBN）
主要商业银行（6家）	艾克赛斯银行（Access Bank）
	尼日利亚第一银行（First Bank of Nigeria）
	担保信托银行（Guaranty Trust Bank）
	非洲联合银行（United Bank for Africa）
	赞尼特银行（Zenith Bank）
	尼日利亚经济银行（Ecobank Nigeria）
商人银行（5家）	加冕商人银行（Coronation Merchant Bank）
	FBN商人银行（FBN Merchant Bank）
	FSDH商人银行（FSDH Merchant Bank）
	诺瓦商人银行（NOVA Merchant Bank）
	兰德商人银行（Rand Merchant Bank Nigeria）

续表

主要外资银行 （2家）	花旗银行尼日利亚分行（Citibank Nigeria）
	渣打银行尼日利亚分行（Standard Chartered Bank Nigeria）
主要保险公司 （3家）	Leadway 保险公司（Leadway Assurance Company）
	AIICO 保险公司（AIICO Insurance）
	FBN 保险公司（FBN General Insurance）
证券交易所（1家）	尼日利亚证券交易所（Nigerian Stock Exchange，NSE）
金融监管机构 （6家）	联邦财政、预算和国家规划部（Federal Ministry of Finance, Budget and National Planning）
	国家保险委员会（National Insurance Commission）
	尼日利亚中央银行（Central Bank of Nigeria，CBN）
	尼日利亚存款保险公司（Nigeria Deposit Insurance Corporation）
	尼日利亚证券交易委员会（Securities and Exchange Commission）
	尼日利亚联邦抵押银行（Federal Mortgage Bank of Nigeria）

尼日利亚银行体系由中央银行及商业银行、商人银行、微型金融银行、无利息银行、一级抵押银行、支付服务银行及其他一些金融机构构成。尼日利亚中央银行是尼金融体系的最高管理机构，主要职能包括货币发行、维持货币稳定、制定金融政策、保障健全的金融体系以及充当政府的银行经营者和金融顾问，管理和监督各类商业银行。尼商业银行共有22家，其中，存款数量和总资产排名前六位的是艾克赛斯银行、尼日利亚第一银行、担保信托银行、非洲联合银行、赞尼特银行、尼日利亚经济银行。据尼日利亚中央银行数据显示，至2018年年底，上述6家商业银行存款数量和总资产分别占该国全部商业银行的60.31%和59.74%。尼日利亚多数商业银行都与国外金融机构建

立了合作关系。2008年中国工商银行收购南非标准银行集团20%的股份，成为第一大股东，尼日利亚标准银行是南非标准银行在尼日利亚的分支机构。2018年9月，尼日利亚第一银行和非洲联合银行加入由中国国家开发银行牵头成立的中非金融合作银行联合体。

尼日利亚证券市场历史较长，但规模偏小，发展速度较慢。早在1960年，尼就成立了尼日利亚证券交易所，最高管理机构是尼日利亚证券和交易委员会，在全国共设14个股票交易场所，分别位于拉各斯、卡杜纳、哈克特港、卡诺、伊巴丹、奥尼察、阿布贾、贝宁城、乌约、约拉、伊洛林、阿贝库塔、奥维日和包奇，是撒哈拉以南非洲地区仅次于南非的第二大证券交易所，现行交割制度为T+3。据普华永道发布的《2019年非洲资本市场官场》数据，2010—2019年，尼日利亚证券交易所筹资15亿美元，占撒哈拉以南非洲交易所通过IPO项目筹资总额的12.2%。尼证券交易所主要发布两种综合指数：尼证全股指数和尼证30指数。此外，还发布银行业指数、工业指数、保险指数、养老金指数、天然气和石油指数等11种行业性指数。

尼日利亚保险业发展滞后，2019年保险渗透率仅为1.6%，相比之下，非洲国家的保险渗透率平均水平为3%。尼日利亚有各类保险公司共59家，其中综合保险公司13家，从事非寿险业务的普通保险公司28家，人寿保险公司14家，再保险公司2家，伊斯兰保险公司2家。另有特许保险经纪公司469家，特许损失理算公司34家。[①] 尼日利亚保险市场保费来源主要是车险、寿险和油气险，占比分别为45%、30%和10%。

尼日利亚金融监管机构主要包括联邦财政、预算和国家规划部，尼日利亚中央银行，尼日利亚证券交易委员会，国家保险委员会，尼日利亚存款保险公司和尼日利亚联邦抵押银行等。联邦财政、预算和国家规划部的主要职能是为联邦政府编制年度收支预算，确定联邦政府的财政政策，为国家发展动员国内外财政资源，管理外汇储备和联邦政府收入。尼日利亚中央银行的主要职能是确保通货和物价稳定，发行货币，持有外汇储备以稳定汇率，向政府提供经济和金融建议，对银行和其他金融机构实施监管。尼日利亚证券交易委员会主要负责监督管理上市公司，调节和发展资本市场。国家保险委员会负责监督、管理保险业务，维护投保人、受益者和保险合同第三方的合法权益。尼日利亚存款保险公司负责向银行提供存款保险及相

---

① 《企业对外投资国别（地区）营商环境指南——尼日利亚（2020）》，中国国际贸易促进委员会，http://www.ccpit-henan.org/u/cms/ccpit/202103/09152631vprh.pdf。

关服务，提高社会对银行业的信心，并且有权对被保险的银行及其他吸收存款的金融机构的账簿和事务进行检查。尼日利亚联邦抵押银行是抵押融资领域的最高管理机构，负责监管初级抵押机构并颁发许可证书。

尼日利亚市场的融资成本比较高。虽然尼政府于1995年颁布了《尼日利亚投资促进委员会法》，放宽了对外国投资的限制，在尼境内由外国投资者设立的公司可以申请各种贷款服务，但在尼通过商业银行进行融资的成本非常高，且贷款困难。自2011年以来，尼各商业银行贷款利率基本保持在20%—30%，贷款期限一般不超过360天。

2006年以来，尼日利亚的优惠贷款利率相对稳定，波动区间为11%—20%。2006年年底的最高贷款利率为18.66%，到2017年年底上涨至31%，此后一直维持在30%以上的高位，2020年7月开始回落，2020年年底回落到28.31%（如图12所示）。尼重点行业（包括石油和天然气、农业、制造业、采矿业和房地产业）的优惠贷款利率约为22%，而南非仅为9%。高贷款利率、较差的营商环境和电力供应不足是制约尼企业发展的重要因素。为解决此痼疾，尼日利亚中央银行要求各商业银行降低经营成本，从而降低市场融资利率。2021年8月，尼贷款利率为11.57%，与11.5%的基准利率基本持平。与非洲其他国家相比，尼贷款平均利率仍处于较高水平（如图13所示）。

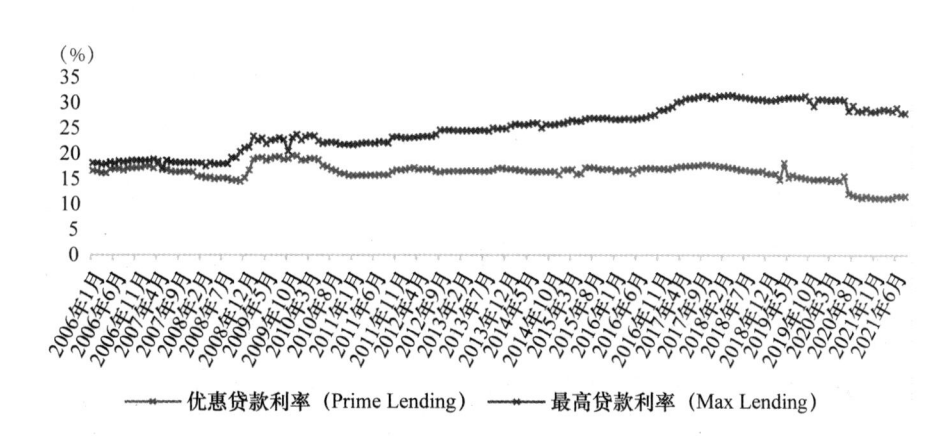

图12 尼日利亚银行贷款利率

资料来源：Central Bank of Nigeria。

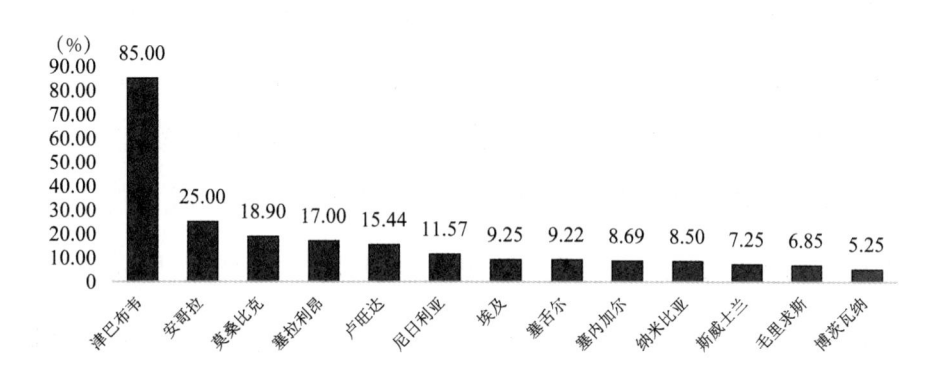

图13 2021年8月非洲主要商业银行贷款利率

资料来源：Trading Economics。

尼日利亚存款利率相对稳定，但同行拆借利率波动幅度较大且频繁。截至2021年8月，同行拆借利率为13.45%，国库券利率为2.5%，半年期存款利率为5.3%，一年期存款利率为6.73%。尼日利亚中央银行数据显示，2006—2021年，尼出现多次流动性危机，导致银行间借款利率大幅度波动，尤其是2015年和2017年。2015年9月，由于国际油价下跌，尼能源收入暴跌引发资金外流，政府出面干预把资金从各地商业银行转至中央银行，导致银行系统流动性枯竭，银行隔夜拆借利率暴涨约100%。2017年4月，尼发行债券，筹集1053.2亿奈拉（3.45亿美元）用于偿还即期债务，导致市场流动性下降，加之尼中央银行在现货和远期市场出售美元且要求银行支付购买费用，更加剧了市场流动性危机，导致隔夜贷款利率上涨50%左右（如图14所示）。尼商业银行过度依赖政府等机构存款，利用这些近乎免息的资金，投资于政府债券或中央银行发行的央票获取稳定的较高收益。这一模式导致银行无意将资金贷给风险更高的私营企业，货币在金融市场空转却无法对实体经济产生裨益。对机构存款的依赖还滋生了腐败行为，在争夺存款的过程中，大量佣金流入政府官员和银行职员的口袋，充分反映出尼银行业经营模式和货币市场的脆弱性。

在国际市场融资方面，亚洲基础设施投资银行、欧洲复兴开发银行、国际金融公司等国际多边金融机构为尼日利亚提供融资支持。国际金融机构多以贷款和股权投资方式提供融资，融资期限较长，相比商业银行利率较低。鉴于国际市场融资成本相对较低，尼

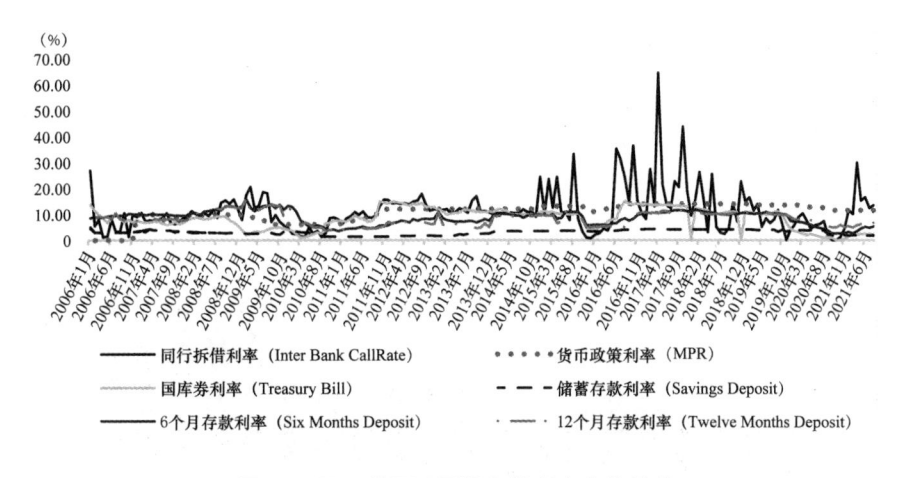

图 14　尼日利亚不同期存款利率变化趋势

资料来源：Central Bank of Nigeria。

日利亚于 2017 年开始实施的新债务管理策略通过转移部分借款来减缓利息支出的增长。

（五）　汇率波动较大，外汇储备规模有限

尼日利亚货币是奈拉，辅币为库布。2000 年上半年到 2007 年，奈拉兑美元汇率在 110—139 小幅波动，走势相对稳定。2008 年国际金融危机后，奈拉汇率开始下降，至 2014 年下降到 183。2009—2014 年，奈拉汇率基本维持稳定，保持在 150 的均值附近小幅波动。2014 年年底，受国际宏观经济形势和油价下跌的影响，尼日利亚奈拉汇率出现大幅波动，2016 年年底跌破 315，并逐年下降。2019 年，尼日利亚平行市场奈拉兑美元的平均汇率为 362.6∶1，为 1999 年恢复民主

宪政以来的最低水平。20年间，奈拉兑美元的汇率下跌了约265%（如图15所示）。

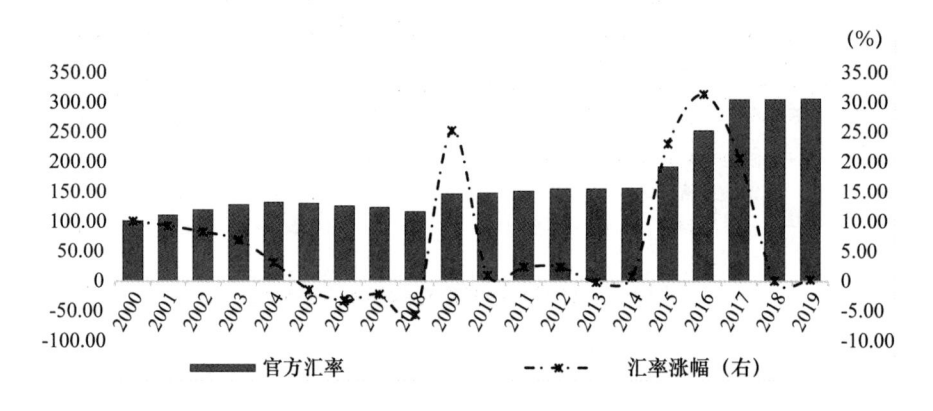

图15　2000—2020年尼日利亚奈拉汇率

资料来源：World Bank。

尼日利亚外汇控制法于1995年废止，开始实施外汇自由化政策。为进一步促进外汇市场自由化、提高外汇市场效率和外汇流动性及透明度，尼日利亚中央银行于2016年6月发布了《尼日利亚银行间外汇市场业务操作指南（修订）》。主要内容包括：尼日利亚中央银行实行单一市场结构；中央银行直接或间接对外汇市场进行适度干预；银行间外汇市场将引入额外的风险管理产品，此产品由尼日利亚中央银行及授权交易商提供。

1995年颁布的《尼日利亚投资促进委员会法》保护外国投资者在企业发生清算时资金可以不受限制地汇回本国。外国投资者通过股本出资或贷款的方式进行投资时，资金是外币的必须由交易商，即尼日利亚的其中一家银行在交易发生的24小时内向尼日利亚中央银行确认，以获得资本输入证书，经确认后以下资金可以不受限制地汇回本国，包括来自投资的红利（支付红利需缴纳10%的预扣税，如果接受所在国是与尼日利亚有税收优惠的缔约国，预扣税税率为7.5%）、租金、特许使用费和扣除税后净利润；支付外国贷款的利息和本金（要有完税证明，即可将红利和利息汇出尼日利亚）；企业出售或清算获得的收益和其他业务，或来自投资的任何利息。

近年来，尼日利亚的外汇储备不断下跌，主要原因是石油出口收入的减少。2014年下半年国际原油价格快速下跌，导致尼外汇储备急速下降，跌幅超过20%。2017年开始回升，较2016年上涨45.8%，至2017年年底一度达到393.53亿美元。2019年年底受国际油价影响又开始下跌，跌幅为10.57%，尼日利亚中央银行数据显示，2020年上半年外汇储备跌幅较大，8月27日恢复至356.6亿美元，实现当年的首次正增长。其原因是石油价格连续四周稳定，尼外汇收入回升，2020年年底外汇储备为364.76亿美元，同比下跌4.24%（如图16所示）。在疫情持续的状况下，印度等尼日利亚石油主要进口国需求疲软，短期内尼的石油收入和外汇储备增长并不乐观。

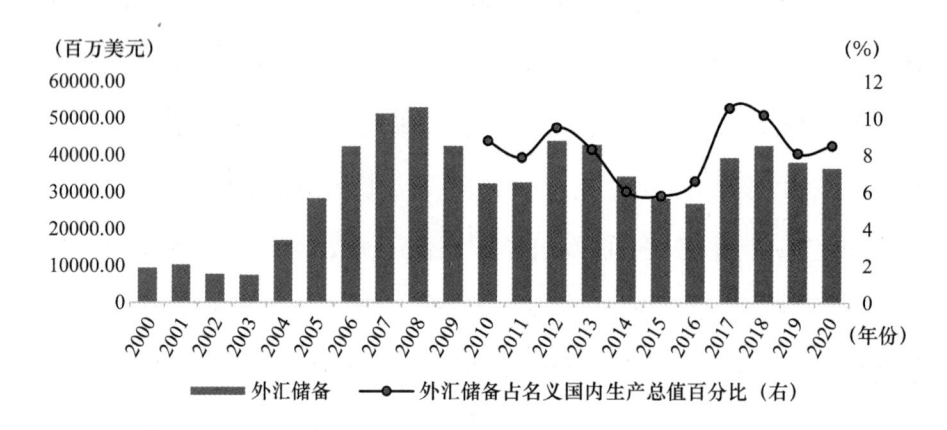

图16 2000—2020年尼日利亚外汇储备

资料来源：CEIC Data。

（六） 营商环境仍待改善

世界银行、世界经济论坛等几家国际机构发布的营商环境报告是评价一国营商环境的重要参考。在世界银行《2020年营商环境报告》中，尼日利亚营商环境在全球190个经济体中排名第131位；在世界经济论坛发布的《2019年全球竞争力报告》中，尼日利亚在全球141个经济体中排名第116位；在世界知识产权组织发布的《2019年全球创新指数排名》中，尼日利亚在全球129个经济体中排名第114位。总体来看，尼日利亚营商环境虽在不断优化，但仍有待改善。从优势看，尼日利亚自然资源丰富，尤其是油气资源和煤炭资源。尼是非洲第二大石油资源国,非洲天然气储藏量第一大国,目前已探明煤炭储量约27.5亿吨,是西非唯一产煤国。尼具有劳动力成本优势,市场开放程度较高,准入门槛较低,市场潜力巨大。尼独立后政局稳定,为经济平稳快速发展提供机会。

从劣势看,尼政府贪腐现象严重。"透明国际"(Transparency International)发布的2020年"腐败感知指数"(Corruption Perception Index, CPI)显示,2020年西非国家经济共同体15个成员国中,几内亚比绍腐败程度最严重,得分19分,全球排名第165位;尼日利亚位列倒数第二,得分25分,全球排名第149位。尼政府部门和司法体系效率低下、审批流程缓慢、知识产权保护措施缺失、财产登记系统不完善、漏洞多、联邦与地方税收支付体系混乱。尼还存在严重的逃税现象。据尼联邦税务局(FIRS)数据,跨国公司在2007—2017年的逃税行为使尼税收损失超过1780亿美元。非洲非法资金流动高级别小组2014年的一份报告显示,尼非法资金流动损失占非洲大陆的30.5%。此外,水电交通等基础设施匮乏、青年人失业率居高不下导致社会稳定性不足、部分地区安全风险高也是显著的问题。

尼日利亚经贸相关法律体系相对健全。尼宪法规定,全国各级法院独立行使司法权。联邦一级的司法机构包括最高法院（Supreme Court）、宪法法院（Constitutional Court）、上诉法院（Court of Appeal）和联邦高等法院（Federal High Court）。联邦高等法院负责直接受理联邦政府及其有关下属机构关于税收、海关、银行、知识产权、国籍、移民等诸方面的纠纷，联邦高等法院还拥有刑事犯罪特别是刑事重罪的审判权。尼日利亚主管贸易的部门是工业、贸易与投资部，负责对外贸易、国内和地区贸易管理，制定相关贸易政策、管理商标、专利和反倾销等事务。尼日利亚与贸易有关的主要法律法规有《尼日利亚进口许可证程序协定》（*Nigeria Import-Licensing Procedures*）《强制性合格评定程序》（*Standard Organization of Nigeria Conformity Assessment*）《尼日利亚进口指导原则》（*Guiding Principles for Nigerian Import*）《商标法》（*Trade Marks Act*）《尼日利亚海关货物管理法》（*Nigeria Customs Goods Administration Law*）《海关和税收管理法案》（*Customs and Revenue Administration Act*）等。

尼日利亚贸易管理的相关规定包括进口禁令、进口许可和出口限制。2004年1月，尼单方面宣布对41种产品实施进口禁令，2005年和2006年又对禁止进口商品清单进行了两次修订，调整了原禁止进口的商品清单。禁令清单中涵盖了中国对尼日利亚出口量较大的部分商品，如纺织品、鞋类、箱包等。2010年年底，尼日利亚再次修订禁令清单，取消了对牙签、木薯及部分家具和纺织品的禁止进口措施，并放宽了二手机动车准许进口的车龄，由原来的 10 年延长至 15 年。2014 年下半年以来，由于国际原油价格下跌并延续至今，尼日利亚中央银行采取了紧缩外汇政策以维持外汇储备。2015 年 6 月，尼对 41 类产品实施禁止进口购汇，又因尼本币兑美元汇率持续下跌，对进口贸易形成巨大冲击。截至 2019 年年底，尼对 41 类产品实施禁止进口购汇政策仍然有效。

尼对包括石油产品和发电机组在内的部分产品的进口实施特别许可证管理制度。进口许可证申请必须在货物到港前 3 个月内提交。许可数量由尼政府根据进口来源国、进口商品和进口商做个案处理。在出口限制方面，根据尼海关总署发布的禁止出口商品清单，尼禁止出口的产品包括玉米、原木和木板（柚木）、动物生皮、废金属、未加工的天然乳胶和天然橡胶凝块、文物和古董、濒危野生动物及其制品、所有进口商品。

为吸引外资，尼政府不断完善投资促进法律法规。早在 1995 年就颁布了《尼日利亚投资促进委员会法》和《外汇法》，是管理外商直接投资的两部主要法律。尼投资促进委员会是尼联邦政府负责鼓励、促进、协调国内外投资者在尼投资的机构。该委员会设有"一站式"投资中心（One-Stop Investment Centre），各相关部门在该中心设有办事机构，为投资者发放经营许可，提供有关投资环境、法律法规和特定行业领域投资需要的信息，办理与投资相关的各种手续，为国内外投资者提供便捷服务。此后，又出台多部涉及外国直接投资的法律，包括《公司和相关事务法》《尼日利亚出口加工区管理局法令》《国家技术引进和促进办公室法》《竞争和消费者保护法》等，并成立公司事务委员会、尼日利亚出口加工区管理局、国家技术引进和促进办公室、联邦竞争和消费者保护委员会等相关机构，进一步完善投资法律保障机制。2011年，尼政府借鉴英国、马来西亚和新加坡模式，将原商业和工业部重组为工业、贸易和投资部，将投资事务纳入管理范围，强化投资政策的推行和投资事务的协调合作。为解决官僚主义和腐败问题，2016年7月，尼成立了总统营商环境促进委员会。除每月召开例会外，还根据需要举行特别会议，同时设立线上平台，接受公众意见，全面调查投资瓶颈，发现进行改革的领域。

尼有比较完整的税收法制政策体系。2012年制定的《国家税收政策》是尼税收制度有序发展的指导性文件，2017年重新修订。目前，尼的主要税法有19部，包括《伴生气回注法》《资本利得税法》《公司所得税法》《海洋和陆地产品分成合同法》《高等教育信托基金法》《联邦税务局（机构）法》《所得税（授权调查）法》《工业发展（所得税减免）法》《工业监督检查法》《国家信息技术发展法》《尼日利亚出口加工区法》《尼日利亚液化天然气（财政激励、担保和保障）法》《石油和天然气出口免税区法》《个人所得税法》《石油利润税法》《增值税法》《印花税法》《赌场税法》《税费征管法》。

尼日利亚税收分直接税和间接税。直接税的主要税种有公司所得税、个人所得税、资本收益税、石油利润税及各项杂税；间接税的主要税种有增值税、进口关税、消费税（货物税）和印花税。在税收征管方面实行系统的税收征管体系，与其三级政府管理制度相对应。税收征管部门包括联邦政府、州政府和地方政府三级管理，采用分税制，以联邦政府征收为主，州政府和地方政府在其辖区内有一定的税收征管权限，实行属地税。联邦政府征收的税赋有8种，州政府征收的税赋有11种，地方政府征收的税赋20种。在征管程序方面，尼税务征收以纳税人申报为主，税务机关负责监督和催缴。近年尼税率保持平稳，稳定在35%左右。尼与其他非洲主要能源大国和西非地区国家相比，整体税负并无显著差异。相比因腐败等营商环境导致的成本提升，企业实际用来纳税的收入较为有限（如表2所示）。

表 2　2013—2018年尼日利亚总税率占利润百分比及国际比较　（单位:%）

	尼日利亚	肯尼亚	安哥拉	南非	中国	美国	日本
2013年	33.00	37.40	52.60	28.70	68.80	43.80	48.70
2014年	33.00	37.10	52.60	28.90	68.60	43.80	50.30
2015年	33.90	37.10	49.00	28.80	67.90	43.90	50.40
2016年	34.90	37.40	48.00	28.80	68.20	44.00	48.80
2017年	34.80	37.40	49.10	28.90	66.50	43.80	47.40
2018年	34.80	37.20	49.10	29.10	64.00	43.80	46.70
2019年	34.80	37.20	49.10	29.20	59.20	36.60	46.70

资料来源：World Bank。

《海关和税收管理法案》是尼海关管理的主要法律制度。2018年，尼平均进口关税税率为28.6%（其中农产品平均关税税率为50%，非农产品平均关税税率为25%），是发展中国家平均关税税率的2倍以上（如表3所示）。尼通过提高关税等贸易保护主义手段鼓励本国工农业生产的发展，对生产用基本原料和生产资料（包括生产设备）的进口实行低关税，对工业制成品、食品、消费品和奢侈品进口实行高关税。在双边税务协定方面，尼日利亚目前与中国、英国、加拿大、比利时、法国、南非、荷兰、菲律宾、巴基斯坦、罗马尼亚等国签署了26个双边税收协定。

表 3　2018年尼日利亚贸易平均加权税率及国际比较　（单位:%）

	全部	农产品	非农产品
日本	2.10	11.10	1.20
美国	2.40	3.80	2.30
欧盟	3.00	7.80	2.60

续表

	全部	农产品	非农产品
澳大利亚	4.00	2.40	4.10
中国	4.40	9.70	4.00
韩国	6.90	55.40	4.00
印度尼西亚	6.80	7.80	6.70
印度	7.60	38.00	5.60
尼日利亚	28.60	50.00	25.00

资料来源：World Trade Organization。

为吸引外资，尼政府指定某些行业/产品为先锋行业/产品。投资于先锋行业/产品的企业，可以通过申请享受一定的税收优惠政策，如享受5年免征公司所得税的待遇。免税期内发生的亏损，被视为在免税期满后第一天发生，可以冲抵免税期满后的利润。先锋行业/产品清单每两年修订一次。尼政府在2017年发布的先锋行业/产品清单共有99种，涉及农业、矿业、制造业、电力和燃气供应、废物处理、基础设施建设、贸易、信息通信、专业服务、金融、管理服务等领域。此外，享受税收优惠的还有从事研究和开发的企业，其研究和开发费用的14%免于征税；内部建立培训设施的企业可享受2%的税收减免，为期5年；公司投资修建通常由政府负责的基础设施，包括道路、供水和供电等，其投资的20%免于征税；劳动密集型企业可获得税收减免优惠；从事本地生产的企业可以享受10%的税收优惠，为期5年；再投资补贴；达到本地原材料使用最低水平的企业可享受20%的税收优惠，期限为5年，与农业相关产业的本地原材料使用最低水平为70%，与工程行业相关产业的本地原材料使用最低水平为60%，与化工行业相关产业的本地原材料使用最低水平为60%，与石化行业相关产业的本地原材料使用最低水平为70%。

总的来看，尼劳动力成本相对较低。尼劳动力资源充足，尼国家统计局数据显示，截至2020年6月，尼15—64岁适龄劳动力人口为1.2亿人，其中就业人口为8029.2万人，劳动力充足导致该国劳工成本相对较低。2017年，阿布贾普通劳动力工资约3万—5万奈拉/月，技术工种和一般管理人员工资约6万—7.5万奈拉/月。目前，劳动力价格无大幅变化，但个别行业有每年增长工资的规定。大学毕业生的平均月工资约为8万奈拉。但尼劳动力素质相对较低，须经较长时间培训方能满足工作需要；且管理人才和高级技术工作等高素质劳动力匮乏。同时，尼劳工组织强大且活跃，尼日利亚劳工大会（NLC）和尼职工大会（TUC）经常呼吁在全国或整个州范围定期举行罢工，罢工、游行时常被政治势力裹挟，升级为暴力事件。这导致尼以劳动力总量和成本为核心的比较优势弱化，削弱了对投资者的吸引力。

尼日利亚劳动和就业部负责制定和实施与就业和劳动有关的法律法规，促进职业安全和健康，进行职业技能培训，提高社会保障、社会福利覆盖率等。《劳工法（2004）》是规定劳工雇用事项的主要法律，根据《国家最低工资法（2019）》，法定最低工资为每月3万奈拉。另外一些法律对特定行业领域的劳工雇用事项进行了规定，比如在石油天然气行业，《尼日利亚石油和天然气工业雇员解除指南（2019）》对雇员的开除、退休、裁员、辞职、死亡等事项进行了明确规定。一些州政府也制定了适用于本州的劳工雇用法律法规，比如《拉各斯州特殊人士法（2011）》，该法禁止因雇员伤残而对其进行歧视。

近年来，尼总体安全形势有所改善，政局总体平稳，但也存在较多不稳定因素。首先，该国人口年轻，失业率高，2020年第四季度的失业率高达33.3%，超过2300万人无业或就业不足，威胁社会及经济稳定。其次，该国有500多个种族，语言各异，豪萨—富拉尼族、约鲁巴族和伊博族三大部族宿怨难平，处在中间地带的小部族主要依附于这三大部族，部族矛盾和冲突是老大难问题。再次，该国恐怖主义活动频繁，东北三州和东南部尤为严重，"博科圣地"与南部比夫拉地区分离主义恐怖势力严重威胁该国安全。最后，主要分布在南部尼日尔河三角洲产油区的非法武装，长期从事盗油、走私和绑架等活动，极大地威胁了尼能源出口和运输。

四 中尼产能合作现状

(一) 中尼双边经贸合作和在尼华人状况概述

中国和尼日利亚关系友好,自1971年2月正式建立外交关系以来,经过半个世纪的发展,两国已形成了长期稳定的友好合作关系,合作成果丰硕。中尼合作有着强劲的内生动力,符合两国人民共同利益,已成为中非合作和南南合作的重要组成部分。

中尼经贸合作发展迅速,尤其是进入21世纪以后,依托中非合作论坛建立的良好合作机制,两国经贸合作更是实现了迅猛发展,在铁路、自贸园区、本币互换、卫星发射等多个领域取得了丰硕成果。贸易是中尼双边合作的重要领域,尼日利亚是中国在非洲的第一大出口市场和第二大贸易伙伴。[1] 2020 年，中尼贸易额为 192.3 亿美元，是建交之初的 1900 倍。[2] 中尼投资合作发展迅速。尼日利亚是中国在非洲的第一大工程承包市场和主要投资目的国。截至 2020 年年底，中资企业在尼累计签订承包工程合同额 1322 亿美元，完成营业额 468.15 亿美元。在双方共同努力下，两国在经贸合作方面建立了多层次合作机制，在贸易、经济、技术、科技合作和投资保护等多个领域签署了合作协定。近年来，两国主要经贸合作机制有三个。一是中非合作论坛，依托该论坛，中尼在多领域深化合作，推动了两国政治经贸关系向更高层次迈进。二是双边经贸合作论坛。中尼设立了一系列双边经贸合作论坛，包括中国—尼日利亚经济、贸易与技术联合委员会（以下简称"中尼经贸联委会"），中尼产能与投资合作论坛，科技合作联合委员会等。中尼经贸联委会由尼日利亚工业、贸易和投资部与中国商务部共同牵头设立。作为推进两国双边经贸合作的重要平台，中尼经贸联委会至今已召开了 6 次会议，最近一次会

---

[1] 《王毅：中尼达成七点重要共识》，2021 年 1 月 6 日，中国外交部网站，https://www.fmprc.gov.cn/web/gjhdq_676201/gj_676203/fz_677316/1206_678356/xgxw_678362/t1844642.shtml。

[2] 《中国同尼日利亚的关系》，2021 年 8 月，中国外交部网站，https://www.fmprc.gov.cn/web/gjhdq_676201/gj_676203/fz_677316/1206_678356/sbgx_678360/。

议是 2016 年 7 月在尼日利亚首都阿布贾举行的。[①] 中尼产能与投资合作论坛由尼日利亚工业、贸易和投资部与中国国家发改委共同牵头成立，在该框架下，双方签署了《产能合作框架协议》，强调要在能源、交通、电力、农、林、渔、制造业等多个领域加强合作。2016 年 4 月，两国政府签署了《中华人民共和国政府和尼日利亚联邦共和国政府关于科学技术合作的谅解备忘录》，在该协议框架下，两国科技部牵头成立了科技合作联合委员会，致力于推动两国政府部门、科研机构、高等院校和企业之间开展多种形式的科技与创新合作，包括共同支持联合示范和研究项目、互派科学家与研究人员交流访问、共同组织专题研讨会和展览、共同开展科技培训等。[②] 三是中尼政府间委员会机制。该机制是 2021 年 1 月王毅外长访问尼日利亚期间与尼日利亚政府达成的合作机制，由两国外长牵头成立，统筹推进两国各领域互利合作，推动两国关系进一步提升。尼日利亚外长杰弗里·奥尼亚马曾表示，尼方将全力保障两国政府间委员会高效运作，推动两

[①] 《对外投资合作国别（地区）指南：尼日利亚》（2020 年版），2021 年 6 月 4 日，中国商务部网站，http://www.mofcom.gov.cn/dl/gbdqzn/upload/niriliya.pdf。

[②] 《中国尼日利亚政府间科技合作谅解备忘录在京签署》，2016 年 4 月 20 日，科技部网站，http://www.most.gov.cn/kjbgz/201604/t20160419_125212.html。

国合作进一步增强，希望同中方加强基础设施、教育、信息通信以及新冠疫苗等领域合作，欢迎中方更多企业来尼投资，缓解贸易不平衡问题。[1]

华人进入尼日利亚的时间较早，在尼日利亚长期耕耘，具有一定的影响力。20世纪50—60年代第一批进入尼日利亚投资、定居的华人主要是中国香港商人，其中最具代表性的四家企业分别为李氏集团、仝氏集团、查氏集团和华亨集团，经营范围包括鞋业、纺织业、瓷器、纸业、电池、塑料袋等。这四家企业很大程度上垄断了尼有关行业直至90年代末，那时其在尼产业已过渡到家族的第二、第三代成员。[2] 20世纪90年代中期，在尼华人仍以港台商人为主，数量在5000人左右。随着中国改革开放政策的实施，大量华人开始涌入尼日利亚，至2000年，在尼华人已达1万人左右。进入21世纪，尼与南非、苏丹等国一道成为华人进入非洲的重点国家，至2010年前后，在尼华人已达65000人以上。由于复杂的社会历史原因，进入尼日利亚的华人身份多元，除最先进入的中国香港商人，

---

[1] 《王毅同尼日利亚外长奥尼亚马举行会谈》，2021年1月6日，中国外交部网站，https://www.fmprc.gov.cn/web/gjhdq_676201/gj_676203/fz_677316/1206_678356/xgxw_678362/t1844639.shtml。

[2] Allen Hai Xiao, "'The Chinese' in Nigeria: Discursive Ethnicities and (Dis) Embedded Experiences", *Journal of Contemporary Ethnography*, Vol. 50, No. 3, 2021, p. 375.

还包括视其他华人为"外省人"的中国台湾商人、以团结著称的中国福建人以及来自中国其他省份的华人。华人之间既有合作也有竞争，21世纪初，中国生产的摩托车曾主导尼日利亚市场，但华人车企之间恶性竞争，大打价格战导致许多车企在利润和市场份额上都蒙受了损失。[1]

截至2020年年底，中国在尼日利亚登记的企业共有218家。中方企业经营范围广泛，包括建筑业、纺织业、采掘业、日用商品等，主要分布在阿布贾、拉各斯及哈科特港等比较发达的地区。中国企业在尼承接了许多大型项目，如价值8.74亿美元的阿布贾—卡杜纳铁路、耗资12亿美元的拉各斯—伊巴丹轻轨项目以及价值11亿美元的卡诺—卡杜纳铁路等。一方面，中国国有企业以及大型私企在尼投资受到欢迎，员工待遇、生活条件较好。比如，中铁建中土尼日利亚有限公司已有三位负责人被授予"酋长"荣誉称号。[2] 另一方面，中小企业华人和华人劳工在尼日利亚生存颇为艰辛。华人特有的吃苦耐劳、勤俭节约和善于经

---

[1] Allen Hai Xiao, "'The Chinese' in Nigeria: Discursive Ethnicities and (Dis) Embedded Experiences", *Journal of Contemporary Ethnography*, Vol. 50, No. 3, 2021, p. 380.

[2] 《"伊柯洛杜的皇家筑路匠"——尼日利亚中国酋长李庆勇》，2015年8月17日，新华网，http://www.xinhuanet.com/world/2015-08/17/c_128136574.htm。

营的精神使得许多华侨华人成为当地富人，但这些人往往会成为不法分子甚至一些贪腐官员攻击和敲诈的重点目标。比如，一位在拉各斯经营多年的中国商人表示，自己在拉各斯几乎不怎么出门，即使出门也不会离开中国城，因为很害怕遇到劫匪或者索贿的警察。[1] 在这种情况下，如何提升社会治安、优化投资环境成为尼日利亚能否进一步吸收中国投资的重要因素。

总体而言，中尼建交50年以来，尼日利亚社会总体上对华人及两国合作的态度比较积极。在民间层面，皮尤研究中心2018年民调结果显示，72%的尼日利亚人对中国持正面看法，是全球对话态度最为友好的国家之一。尼日利亚商人也热衷于中尼进出口贸易，来自尼重要贸易中心拉各斯、奥尼查、卡诺的大宗买家，定期到广州等制造业中心进货。大部分在尼经营的企业和个人遵守当地法律与风俗习惯，坚持属地化经营，为当地创造了大量就业机会和税收，在当地口碑较好。在官方层面，尼日利亚与中国互为战略伙伴，现任领导人重视对华关系，大力推动两国合作，尊重中方核心利益，不仅在公开场合称中国为"可以信赖的朋友"，还切实推动了中资企业在一系列重大项目中进入

---

[1] Allen Hai Xiao, "'The Chinese' in Nigeria: Discursive Ethnicities and (Dis) Embedded Experiences", *Journal of Contemporary Ethnography*, Vol. 50, No. 3, 2021, p. 382.

尼方市场。

然而，中方人员及企业在与当地人的互动中也存在一些问题。中方个别企业存在违反尼方劳工法、环保法等相关法律的问题，也曾出现过中方工人与当地民众发生冲突的事件。此外，中方在适应当地特殊民情、宗教禁忌等方面也存在改进空间。尽管尼日利亚国内大部分民众对中国的态度较积极，但指责两国贸易逆差、炒作中方投资带来的"债务风险"、指责中国打击尼方在华非法移民等声音依然存在。此外，中国公民遭绑架、中方在尼企业工地遭到袭击等恶性事件依然时有发生，中国公民也时常遭到尼方警察、官员的索贿等骚扰。如何使中方资金真正惠及尼日利亚民生、使双方民心相通、优化尼日利亚投资环境、切实保护在尼华人的人身财产安全需要两国在未来共同努力。

（二）中尼双边贸易发展

1. 中尼双边贸易发展历程

中尼两国贸易往来始于1953年，当时双边年贸易额不足100万美元。进入20世纪60年代，随着尼日利亚摆脱英国殖民统治，获得民族独立，中尼贸易额开始不断增长，但最高年份仅达800多万美元。70

年代以后，随着尼石油工业的崛起，中尼贸易也实现了迅速发展，1972年双边贸易额首次突破1000万美元，双边贸易良好增长势头一直持续到1982年。1983—1986年，两国贸易额连续4年大幅度下降，年均贸易额仅529万美元，其间中国对尼年均出口额不足400万美元，下滑到20世纪60年代水平。90年代以后，随着中国对外贸易体制改革的深化和市场多元化战略的实施，中尼贸易额连续大幅度递增，中国对尼贸易顺差进一步扩大。1993年中国对尼出口突破1亿美元大关，在中国对非洲各国出口中仅次于南非和埃及，排名第三位。1997年突破3亿美元，中国成为尼第三大贸易伙伴，也是尼在亚太地区最大的贸易伙伴。受亚洲金融危机影响，1998年双边贸易额有所下降。

进入21世纪，两国经贸合作进入快车道。2000年中非合作论坛成立以来，中国与非洲各国政治经贸关系不断加强，在此大背景下，中尼贸易也实现了高速增长。2001—2014年，中尼贸易额总体呈上升趋势，年均增长率高达25.4%。[1] 2004年，双边贸易额突破20亿美元，达到21.83亿美元；2008年直接突破70亿美元。受2008年国际金融危机影响，2009年中尼贸

---

[1] 黄子桐：《中国与尼日利亚贸易合作的竞争性与互补性研究》，《中国经贸导刊》（理论版）2017年第17期。

易额下滑至63.8亿美元，但随后恢复。2011年，中尼贸易额首次突破100亿美元，达到107.8亿美元，中国成为尼第二大贸易伙伴。2012年，中国超越美国成为尼第一大进口来源国。[1]

2014年下半年开始，受国际大宗商品价格下跌及尼经济下行影响，2015年中尼贸易额大幅下跌至149.4亿美元，同比下降17.5%，2016年继续下跌至106.2亿美元，同比下降28.9%，[2] 中尼贸易回到2011年水平。2017年起，中尼贸易恢复正向增长，2019年双边贸易额增至192.75亿美元，其中中方出口额166.23亿美元，进口额26.52亿美元。2020年，受新冠肺炎疫情影响，中尼贸易额同比下降，为192.3亿美元，但尼仍超越安哥拉成为中国在非洲第二大贸易伙伴。[3]

中尼开展贸易往来至今，双方贸易结构发生了显著变化。20世纪90年代之前，中国对尼出口商品主要是轻工产品，如缝纫机、自行车、摩托车零件、电视机、电池以及黑色金属制品、茶叶、医药、鞋类等，

---

[1] 中国驻尼日利亚使馆经商处：《贸易》，2016年9月23日，中国商务部网站，http://nigeria.mofcom.gov.cn/article/zxhz/hzjj/201609/20160901400178.shtml。

[2] 中国海关总署统计数据。

[3] 中国驻安哥拉共和国大使馆经济商务处，《2020年安哥拉成为中国在非洲的第三大贸易伙伴》，2021年1月29日，中国商务部网站，http://www.mofcom.gov.cn/article/i/jyjl/k/202101/20210103035197.shtml。

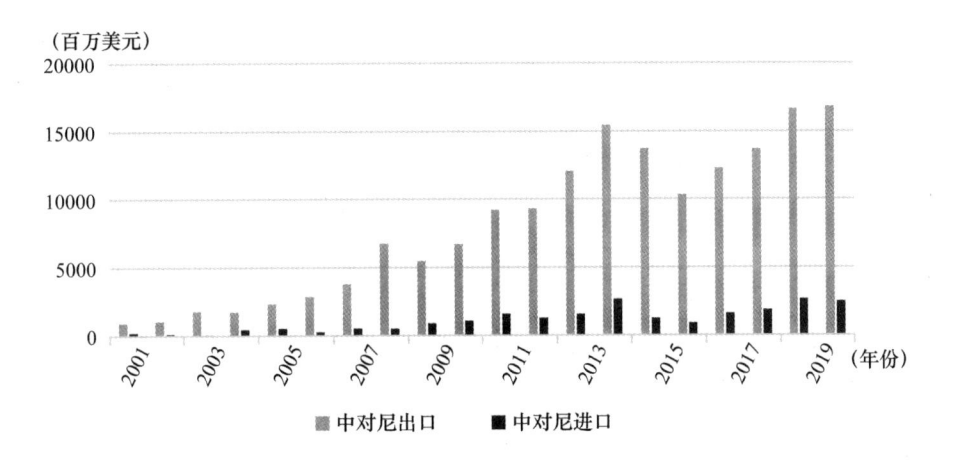

图 17 2001—2020 年中国对尼日利亚进出口状况

资料来源:中国海关总署。

尼日利亚向中国出口的主要商品是钢材及制品、机械制造业产品和机电设备等。之后双边贸易结构开始发生变化,2002 年起变化更为明显,在中国对尼出口商品中,轻工业产品占比不断下降,机电设备、家用电器、运输设备等占比不断增加。到 2007 年,机电产品在中国对尼出口额中占比达 27%,位居首位;塑料、橡胶等占比 12.4%,居第二位;运输设备出口也出现大幅增长,占比 11%。在尼向中国出口的商品中,钢材及制品占比不断下降,化工产品和矿产品占比不断上升。2001 年,钢材及制品在尼对中国出口中占比为 74%,2007 年下降至 0.2%;与此同时,中国对尼钢铁出口不断攀升,2007 年中国出口到尼的钢材及制品贸易额为 2.36 亿美元，占中国对尼出口总额的 7.1%。[①] 化工产品和矿产品取代钢材及制品成为尼对中国最主要的出口产品，2007 年在尼对华出口总额中占比分别为 34.5% 和 33.0%，居第一和第二位。之后，化工产品在尼对中国出口额中所占比重逐年下降，而矿产品所占比重则持续攀升，成为尼对中国出口的最主要商品。2011 年，中国成为尼第二大贸易伙伴；2012 年，中国超越美国成为尼第一大进口来源国。受国际大宗商品价格下跌影响，2014 年中尼双边贸易额大幅下滑，2017 年起恢复增长，目前已恢复至原有水平。中国成为尼日利亚诸多进口商品的主要供应国。

2. 中国在尼国际贸易中的地位

尼日利亚出口产品单一，矿物燃料、矿物油及其蒸馏产品，沥青物质，矿物蜡是对外出口最主要的产品，在尼总出口中所占比重一度高达 95% 以上。近年来，尼日利亚的船舶及浮动结构体出口增长速度较快，2017 年船舶及浮动结构体在尼总出口中所占比重仅为 0.6%，到 2020 年上升至 6.23%，是第二大出口产品。此外，可可及可可制品、烟草及烟草制品代用品、化肥、生皮和兽皮（不包括毛皮）和皮革、含油子仁及

---

① ［尼日利亚］伊肯（Ikenna Henry Osuiwu）：《中国与尼日利亚贸易发展研究》，硕士学位论文，安徽大学，2015 年。

果实、杂项子仁及果实、工业用或药用植物、稻草、秸秆及饲料等都是尼传统出口产品，在对外出口中占有一定份额。

表4　　2016—2020年尼日利亚主要出口产品及其占比

（单位：千美元，%）

年份	产品类型	出口额	占出口总额比重
2016年	矿物燃料、矿物油及其蒸馏产品；沥青物质；矿物蜡	33541793	96.48
	可可及可可制品	309477	0.89
	烟草及烟草制品代用品	126711	0.36
	含油子仁及果实；杂项子仁及果实；工业用或药用植物；稻草、秸秆及饲料	122816	0.35
	化肥	76193	0.22
	鱼类、甲壳类、软体动物和其他水生无脊椎动物	63537	0.18
	生皮和兽皮（不包括毛皮）和皮革	47606	0.14
	塑料及其制品	40724	0.12
	橡胶及其制品	40280	0.12
	盐；硫；土和石料；抹灰材料、石灰和水泥	34378	0.10
2017年	矿物燃料、矿物油及其蒸馏产品；沥青物质；矿物蜡	39382748	96.03
	船舶及浮动结构体	247674	0.60
	可可及可可制品	236201	0.58
	含油子仁及果实；杂项子仁及果实；工业用或药用植物；稻草、秸秆及饲料	182001	0.44
	化肥	152842	0.37
	烟草及烟草制品代用品	102853	0.25
	塑料及其制品	78541	0.19
	食用水果及坚果；柑橘属水果或甜瓜的果皮	74386	0.18
	生皮和兽皮（不包括毛皮）和皮革	68162	0.17
	橡胶及其制品	55253	0.13

续表

	产品类型	出口额	占出口总额比重
2018年	矿物燃料、矿物油及其蒸馏产品；沥青物质；矿物蜡	49805075	94.11
	船舶及浮动结构体	1266063	2.39
	可可及可可制品	317623	0.60
	含油子仁及果实；杂项子仁及果实；工业用或药用植物；稻草、秸秆及饲料	274515	0.52
	食用水果及坚果；柑橘属水果或甜瓜的果皮	189132	0.36
	化肥	169247	0.32
	烟草及烟草制品代用品	97216	0.18
	生皮和兽皮（不包括毛皮）和皮革	93416	0.18
	铝及其制品	74198	0.14
	塑料及其制品	71412	0.13
2019年	矿物燃料、矿物油及其蒸馏产品；沥青物质；矿物蜡	46674561	87.04
	船舶及浮动结构体	3181201	5.93
	各种贱金属制品	2097083	3.91
	可可及可可制品	311379	0.58
	含油子仁及果实；杂项子仁及果实；工业用或药用植物；稻草、秸秆及饲料	300098	0.56
	化肥	151923	0.28
	食用水果及坚果；柑橘属水果或甜瓜的果皮	113042	0.21
	烟草及烟草制品代用品	103741	0.19
	生皮和兽皮（不包括毛皮）和皮革	75263	0.14
	航空器、航天器及其部件	69988	0.13
2020年	矿物燃料、矿物油及其蒸馏产品；沥青物质；矿物蜡	29591701	88.70
	船舶及浮动结构体	2077384	6.23
	含油子仁及果实；杂项子仁及果实；工业用或药用植物；稻草、秸秆及饲料	343102	1.03
	可可及可可制品	334785	1.00
	化肥	181342	0.54
	航空器、航天器及其部件	165554	0.50
	食用水果及坚果；柑橘属水果或甜瓜的果皮	131560	0.39
	烟草及烟草制品代用品	64946	0.19
	生皮和兽皮（不包括毛皮）和皮革	62696	0.19
	机械、机械器具、核反应堆、锅炉及零件	46597	0.14

资料来源：ITC Trade Competitiveness Map, 2021。

尼日利亚进口产品种类多样，矿物燃料、矿物油及其产品，锅炉、机械器具及零件，电机、电气、音像设备及其零附件等是尼进口占比较高的产品，近两年还加大了铁路、有轨电车以外的车辆及其零件、附件的进口量。受新冠肺炎疫情影响，2020年尼还加大了医药产品进口，在进口总额中所占比重为5.35%，居第五位。

表5　　　　2016—2020年尼日利亚主要进口产品及其占比

（单位：千美元,%）

	产品类型	进口额	占进口总额比重
2016年	矿物燃料、矿物油及其蒸馏产品；沥青物质；矿物蜡	10275474	28.58
	机械、机械器具、核反应堆、锅炉及零件	5974406	16.62
	电机、电气设备及其部件；录音机和放声机、电视机……	2458035	6.84
	铁路、有轨电车以外的车辆及其零件、附件	1666151	4.63
	塑料及其制品	1548336	4.31
	谷物	1317070	3.66
	糖和糖果	873188	2.43
	钢铁制品铁或钢制品	819609	2.28
	船舶及浮动结构体	742718	2.07
	鱼类、甲壳类、软体动物和其他水生无脊椎动物	669514	1.86
2017年	矿物燃料、矿物油及其蒸馏产品；沥青物质；矿物蜡	8061285	27.95
	机械、机械器具、核反应堆、锅炉及零件	3925045	13.61
	电机、电气设备及其部件；录音机和放声机、电视机……	1744312	6.05
	铁路、有轨电车以外的车辆及其零件、附件	1492827	5.18
	谷物	1435646	4.98
	塑料及其制品	1340737	4.65
	鱼类、甲壳类、软体动物和其他水生无脊椎动物	692924	2.40
	盐；硫；土和石料；抹灰材料、石灰和水泥	688878	2.39
	钢铁制品铁或钢制品	670120	2.32
	各种各样的化工产品	647854	2.25

续表

	产品类型	进口额	占进口总额比重
2018年	矿物燃料、矿物油及其蒸馏产品；沥青物质；矿物蜡	10838245	29.71
	机械、机械器具、核反应堆、锅炉及零件	5172631	14.18
	船舶及浮动结构体	3425594	9.39
	铁路、有轨电车以外的车辆及其零件、附件	2242493	6.15
	电机、电气设备及其部件；录音机和放声机、电视机……	2055931	5.64
	塑料及其制品	1384566	3.80
	谷物	1207730	3.31
	鱼类、甲壳类、软体动物和其他水生无脊椎动物	686460	1.88
	钢铁制品铁或钢制品	682007	1.87
	铁和钢	619032	1.70
2019年	机械、机械器具、核反应堆、锅炉及零件	8969293	18.93
	矿物燃料、矿物油及其蒸馏产品；沥青物质；矿物蜡	7374154	15.56
	铁路、有轨电车以外的车辆及其零件、附件	5627852	11.88
	电机、电气设备及其部件；录音机和放声机、电视机……	3719068	7.85
	光学、摄影、电影、测量、检查、精密、医疗或外科……	3357085	7.08
	塑料及其制品	1530889	3.23
	玻璃和玻璃器皿	1507656	3.18
	医药产品	1453370	3.07
	谷物	1302494	2.75
	钢铁制品铁或钢制品	1005477	2.12
2020年	机械、机械器具、核反应堆、锅炉及零件	9874034	18.63
	矿物燃料、矿物油及其蒸馏产品；沥青物质；矿物蜡	8103268	15.29
	铁路、有轨电车以外的车辆及其零件、附件	5334080	10.06
	电机、电气设备及其部件；录音机和放声机、电视机……	3697747	6.98
	医药产品	2837893	5.35
	塑料及其制品	2399919	4.53
	谷物	2227712	4.20
	各种各样的化工产品	1343525	2.53
	鱼类、甲壳类、软体动物和其他水生无脊椎动物	1269468	2.39
	光学、摄影、电影、测量、检查、精密、医疗或外科……	1160252	2.19

资料来源：ITC Trade Competitiveness Map, 2021。

尼日利亚与全球多个国家和地区有贸易往来，2019年尼主要出口目的国有印度、西班牙、荷兰、加纳、法国等，主要进口来源国有中国、印度、美国、荷兰、比利时等。印度连续多年是尼第一大出口目的国，尼向印度出口的主要产品是矿物燃料、矿物油及其蒸馏产品，沥青物质，矿物蜡，在尼对印度出口中所占比重高达98.78%；其次是含油子仁及果实，杂项子仁及果实，工业用或药用植物，稻草、秸秆及饲料，在尼对印度出口中占比为0.49%；食用水果及坚果，柑橘属水果或甜瓜的果皮，在尼对印度出口中占比为0.28%。

表6　　　　　2019年尼日利亚主要贸易伙伴国　　　（单位：%）

前十大出口国		前十大进口国	
目的国	占比	来源国	占比
印度	15.41	中国	25.46
西班牙	9.92	印度	12.04
荷兰	9.08	美国	9.88
加纳	7.47	荷兰	7.37
法国	6.62	比利时	5.02
南非	5.88	斯威士兰	3.28
美国	5.26	德国	3.08
意大利	3.97	英国	2.84
中国	3.11	阿拉伯联合酋长国	2.53
印度尼西亚	2.76	韩国	2.14

资料来源：UN Comtrade Database。

中国是尼日利亚第一大进口来源国。2012年以来，中国已成为尼诸多进口商品的主要供应国，尤其是服装、非电子器械、皮革制品、木材制品、电子元件等。2019 年，中国对尼出口最多的商品是电机、电气、音像设备及其零附件，在中国对尼出口总额中占比 11.64%；其次是锅炉、机械器具及零件，占比 10.57%；服装及衣着附件占比 7.55%；此外，车辆及其零附件、钢铁制品、化学纤维长丝等均是中国对尼出口的重要商品。中国从尼进口最主要的商品是矿物燃料、矿物油及其产品，2019 年在中国从尼进口的商品中占比高达 90.44%；其次是矿砂、矿渣及矿灰，占比 4.56%；铜及其制品占比 0.79%。[①]

表 7　　　　　　近年中国对尼日利亚进出口贸易结构

中国出口商品主要类别	中国进口商品主要类别
电机、电气、音像设备及其零附件；锅炉、机械器具及零件；服装及衣着附件；车辆及其零附件；钢铁制品；化学纤维长丝；塑料及其制品；钢铁；铝及其制品；橡胶及其制品	矿物燃料、矿物油及其产品；木材及木制品；矿砂、矿渣及矿灰；塑料及其制品；铜及其制品；生皮（毛皮除外）及皮革；盐；硫黄；土及石料；石灰及水泥等；铅及其制品；可可及可可制品

资料来源：《对外投资合作国别（地区）指南：尼日利亚》，2021 年 6 月 4 日，中国商务部网站，http://www.mofcom.gov.cn/dl/gbdqzn/upload/niriliya.pdf。

3. 中尼双边贸易的特点和问题

中尼双边贸易体现出以下几个特点或问题。首先，2000 年以来中尼贸易总体呈上升趋势。虽然 2015 年和 2016 年受国际大宗商品价格下跌等大环境影响，双方

---

① 数据来源于 ICT。

贸易额有所下滑，但整体来看，2000年以来双边贸易额呈持续增长态势，贸易产品的数量和金额都在逐步增加。2020年新冠肺炎疫情的暴发对全球经济造成了重大打击，但在此背景下，中尼两国贸易仍保持了稳定发展，尼还超越安哥拉成为中国在非洲第二大贸易伙伴。2021年1月，王毅外长访问尼日利亚期间，与尼外长达成建立中尼政府间委员会的一致意见，该合作机制的建立将统筹推进两国各领域互利合作，推动两国关系和经济合作的进一步发展。

其次，中尼贸易具有较强互补性。中尼资源禀赋不同，两国贸易具有较强互补性。尼石油资源丰富，石油出口份额在尼出口总额中占比一度高达90%以上，虽然近年来受国际形势、能源市场变化以及尼自身经济发展结构调整影响，石油在尼出口中所占份额有所下降，但仍是最主要的出口产品。中国则需大量进口原油来满足国内市场需求；同时，中国是全球制造业大国，"十三五"时期中国制造业占世界制造业的比重接近30%，从2010年以来连续11年成为世界最大的制造业国家。中国高技术制造业增速较快，正从制造业大国向制造业强国迈进。[①] 中尼两国比较优势不同，出口贸易竞争性弱、互补性强，存在较大合作

---

① 《中国正从制造业大国向制造业强国迈进》，2021年3月9日，中国网，http://www.china.com.cn/opinion2020/2021-03-09/content_77289063.shtml。

空间。未来，两国可依托自身比较优势，进一步深化贸易合作，优化贸易结构，实现互利共赢。

最后，中尼贸易结构失衡严重。中国在对尼贸易中常年处于顺差地位，且顺差仍在持续扩大。导致中尼贸易失衡的原因很多，包括国际原油价格下跌、新冠肺炎疫情引起的全球经济衰退等，但最主要的原因是尼单一的产业结构和停滞不前的制造业，使尼不得不从中国大量进口消费品来满足本国消费需求。持续扩大的贸易差额已成为双方亟待解决的问题。

表8　　　　2016—2020年中国对尼日利亚的进出口　　（单位：亿美元）

	2016年	2017年	2018年	2019年	2020年
双边贸易总额	106.2	137.8	152.7	192.7	192.3
中国出口额	97.1	121.6	134.1	166.2	167.8
中国进口额	9.1	16.2	18.6	26.5	24.5
中国顺差	88.0	105.4	115.5	139.7	143.3

资料来源：中国海关总署。

（三）　中尼产能合作发展

1. 中尼产能合作发展历程

中尼双边投资最早可追溯至1971年两国建交，1972年两国签署了第一个经济、科学、技术合作协定，1976年中尼签署在尼日利亚约比和包奇州打建112处机井的协定。早期中尼双边投资以政府间投资合作为主，发展较为缓慢，直到20世纪80年代，中资企业开始到尼开展投资业务，两国私人投资合作开始不断增加。1981年，中尼成立经贸混委会，规定每两年举行一次，就重大经贸问题进行友好磋商。1992年，中尼首次签订了石油资源领域合作谅解备忘录，加快了石油化工领域合作进程。1997年5月，时任国务院总理李鹏访问尼日利亚期间，两国签订了《中华人民共和国政府和尼日利亚联邦共和国政府相互促进和保护投资协定》，对投资定义、适用范围、投资促进和保护、损失补偿、转移、代位、投资争议解决、缔约双方争端解决等进行了详细规定，极大促进了双方投资合作。

2000年中非合作论坛成立，成为中非沟通交流的重要平台。2000年2月，中尼签署《中华人民共和国政府和尼日利亚联邦共和国政府关于在尼日利亚建立中国投资开发贸易促进中心和在中国建立尼日利亚贸易投资办事处的议定书》。2001年8月，两国签订《中华人民共和国政府和尼日利亚联邦共和国政府贸易协定》《石油工业合作框架协议》《中华人民共和国政府和尼日利亚联邦共和国政府相互促进和保护投资协定》。2002年4月，中尼签署《中华人民共和国政府和尼日利亚联邦共和国政府关于对所得避免双重征税和防止偷税漏税的协定》。2003年3月，中国与联合国粮农组织、尼日利亚签署《为支持尼日利亚"粮食安全特别计划"而实施"南南合作"计划的三方协议书》。根据该协议，2003年4月到2007年10月，中国农业部陆续派出涉及35个专业共计496人的专家技术员队伍，为尼日利亚水利、水产、畜牧、农机及市场营销等领域提供技术援助。[1] 2005年7月，中国证监会与尼日利亚证券交易委员会签署《证券期货监管合作谅解备忘录》，进一步加强了双方在证券期货领域的跨境监管合作和信息互换。[2] 2006年1月，两国签署《中华人民共和国和尼日利亚联邦共和国关于建立战略伙伴关系的谅解备忘录》。2016年又签订了《产能合作框架协议》《航空合作谅解备忘录》《中华人民共和国和尼日利亚联邦共和国政府关于科学技术合作的谅解备忘录》，并于同年举办了中国—尼日利亚产能与投资合作论坛。2018年4月，中国人民银行与尼日利亚中央银行在北京签署了中尼双边本币互换协议，旨在促进双边贸易和直接投资，以及维护两国金融市场稳定。协议规模为150亿元人民币/7200亿奈拉，协议有效期三年，经双方同意可以展期。[3]

---

[1]《中国—尼日利亚南南合作项目概述》，《世界农业》2013年第8期。

[2]《中国证监会与尼日利亚证券交易委员会签署〈证券期货监管合作谅解备忘录〉》，2005年6月17日，中国证监会网站，http://www.csrc.gov.cn/pub/newsite/gjb/gzdt/200506/t20050617_79371.html。

[3]《中尼（日利亚）两国央行签署双边本币互换协议》，2018年5月3日，中国人民银行网站，http://www.pbc.gov.cn/goutongjiaoliu/113456/113469/3532628/index.html。

2. 中尼产能合作的规模和主要领域

中国是尼日利亚的主要外资来源国之一。2017年之前，中国对尼直接投资存量一直呈稳步增长态势，2017年达到28.6亿美元的峰值。之后中国对尼直接投资存量有所下降，截至2019年年底，降至21.94亿美元。中国对尼直接投资流量在2007年之前呈上升态势，2007年达到3.9亿美元，之后波动幅度较大，但总体维持在1亿美元以上的水平。2019年，中国对尼直接投资流量为1.23亿美元。

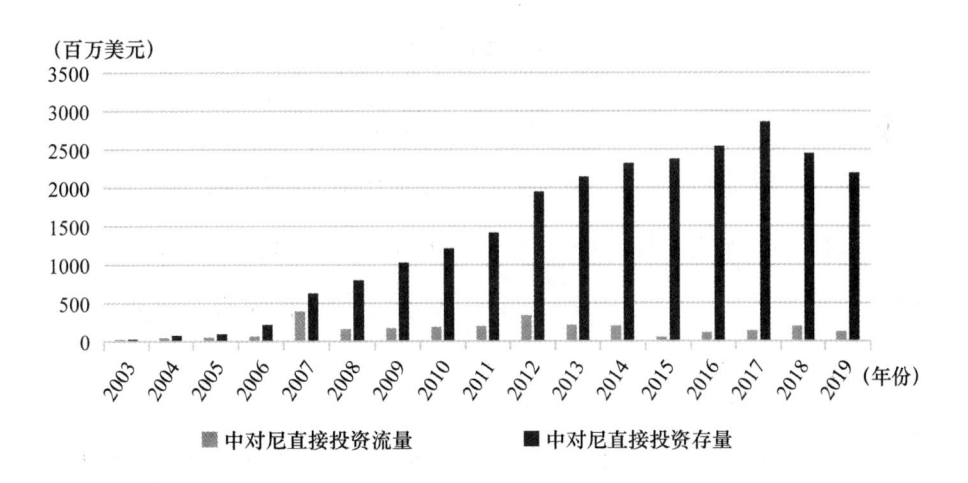

图18　2003—2019年中国对尼日利亚直接投资情况

资料来源：商务部2009—2019年《中国对外投资统计公报》。

尼日利亚还是中国在非洲最大的工程承包市场之一。2019年，中资企业在尼日利亚新签承包工程合同174份，新签合同额125.57亿美元，完成营业额

45.96亿美元，是中国在非洲新签合同额最高的国家和完成营业额第二大的国家。[①] 2019年，中国累计向尼派出各类劳务人员6694人，年底在尼劳务人员为12199人。2019年，中国与尼新签的大型承包工程项目包括中国铁建承建的阿布贾—巴罗—阿贾奥库塔中线铁路项目和朱库拉—洛克贾支线铁路项目；中国水电国际工程公司承建的尼日利亚新月岛填海造地和高架桥梁工程项目；中国能源国际工程有限公司承建的尼日利亚Petrolex 1200MW联合循环燃气电站项目等。[②]

目前，中国在尼日利亚的主要工程承包企业有中国土木工程集团有限公司（以下简称"中土集团"）、中地海外集团、华为、中兴等。[③] 中国在尼工程承包业务已涉及公路、铁路、电力、通信、航空、石油等多个领域；投资领域主要包括石油开采、经贸合作区建设、通信广播、固体矿产资源开发、家电及车辆装配、食品饮料及桶装水生产、纺织品生产及加工、农业生

[①]《对外投资合作国别（地区）指南：尼日利亚》（2020年版），2021年6月4日，中国商务部网站，http://images.mofcom.gov.cn/fec/202102/20210202162924888.pdf，最后访问时间：2021年9月1日。

[②]《对外投资合作国别（地区）指南：尼日利亚》（2020年版），2021年6月4日，中国商务部网站，http://www.mofcom.gov.cn/dl/gb-dqzn/upload/niriliya.pdf。

[③]《中国同尼日利亚的关系》，2021年8月，中国外交部网站，https://www.fmprc.gov.cn/web/gjhdq_676201/gj_676203/fz_677316/1206_678356/sbgx_678360/。

产等。

中尼在交通基础设施建设、能源电力开发、制造业及通信等领域合作成果丰富。在交通基础设施建设方面，2019年，中尼新签合同额50.2亿美元，是当年中国对外交通运输建设领域业务量排名第一的国家。[①]中土集团是尼交通基础设施建设中具有代表性的中资公司，该公司目前已完工的重要项目包括2016年正式运营的阿布贾和卡杜纳铁路项目（阿卡铁路），2018年7月正式运营的阿布贾城铁一期工程项目，2021年6月正式通车运营的拉各斯至伊巴丹段铁路项目（拉伊铁路）。其中，阿卡铁路是非洲首条全部采用中国技术、中国标准的现代化铁路，阿布贾城铁是西非首条城铁。中土集团还正分别在阿布贾、哈科特港、卡诺和拉各斯进行轻轨项目和机场航站楼的建设。[②]中土集团还承建了尼日利亚交通大学，并于2019年12月在尼北部卡齐纳州道拉镇举行奠基仪式，该大学建成后将是非洲首所交通大学，有望为尼日利亚培养大量交通和铁路工程领域的专业人才，填补相关领域的知识

[①]《中国对外承包工程发展报告（2019—2020）》，2021年1月20日，中国商务部网站，http://www.mofcom.gov.cn/article/i/jyjl/e/20 2101/20210103 032457.shtml。

[②]《尼日利亚驻华大使：加入"一带一路"倡议后的尼日利亚有哪些变化？》，2021年4月14日，中国"一带一路"网，https://www.yidaiyi-lu.gov.cn/ghsl/hwksl/170283.htm。

和技术缺口。①

在能源电力开发方面，中国对尼能源电力开发领域投资主要集中在石油天然气开发和水电站建设，中石油、中石化、葛洲坝集团等都与尼在能源电力开发领域开展了合作。以中石化为例，2003年，中石化中标尼日利亚可采储量为2130万桶的边际油田项目。2005年5月，中石化与尼签署协议，投资5亿美元海上石油勘探开发，标志着中尼在石油天然气领域的合作取得了重要进展。2017年8月，中石化与壳牌公司签订海洋钻机合同，是其在尼开展的首个自升式浅海钻井平台服务项目；2017年12月，中石化签订尼纽克劳斯沼泽钻机项目，是中石化第一个国际沼泽钻机项目；两个钻井业务合同涉及资金接近1亿美元。2018年，中石化胜利石油工程公司壳牌尼日利亚项目第一口井 FORC-064 井试油作业顺利进行。该项目由新胜利一号钻井平台承钻，标志着中石化胜利石油工程公司拓展非洲海上高端石油工程市场取得突破性进展。

在制造业及通信方面，中国第一汽车集团（以下简称"一汽"）、广汽集团、比亚迪、吉利等汽车厂商已进入尼市场，在当地投资设厂。比如，一汽已在尼

---

① 《中企助力尼日利亚建设非洲首所交通大学》，2019年12月3日，新华网，http://www.xinhuanet.com/silkroad/2019-12/03/c_1125301767.htm。

日利亚设立散件组装（KD）厂，广汽吉奥和金龙客车与 Innoson 集团合作生产轿车、运动型实用汽车、皮卡以及客车。① 尼通信市场发展迅速，华为、中兴等都加大了对尼电信市场的投资力度。2016 年 10 月，华为投资 600 万美元在拉各斯设立创新体验中心。2019 年以来，华为通过"未来种子"等项目为尼云计算、人工智能、移动网络和大数据等领域发展培养人才。② 作为"中非十大合作计划"中"人文合作计划"的目标之一，中国于 2017 年 8 月在阿布贾正式启动非洲的"万村通"卫星数字电视项目，将为尼等 30 个非洲国家的 1 万多个村落接入数字电视信号，向 20 万个非洲家庭捐赠机顶盒。

3. 中尼产能合作的代表性模式

目前，中尼双边投资合作的主要模式有两种：一是资源换贷款模式，二是境外经贸合作区模式。资源换贷款模式是指在项目合作过程中由中方出资和开发，合作方以某种资源和投资权益作为担保，或将资源、项目的部分收益直接用于偿还贷款的模式，由于该模

---

① 王晓红：《中国对非洲投资：重点、难点及对策——对尼日利亚、加纳、冈比亚、埃及的调研》，《全球化》2019 年第 2 期。
② 《尼日利亚总统：尼中合作成果丰硕 带来巨大利益》，2021 年 5 月 17 日，中国"一带一路"网，https://www.yidaiyilu.gov.cn/xwzx/hwxw/173669.htm。

式最初是中资企业与安哥拉开展石油领域合作过程中形成的，因此也被称为"安哥拉模式"。资源换贷款模式主要以买方信贷的形式进行，形成了"资源—信贷—项目"的一揽子合作模式，后来被推广到非洲其他国家，主要用于大型基础设施和资源勘探等项目。该模式在中尼双边投资合作中应用广泛，比如，2010年12月，中国进出口银行与尼财政部签署了一项总额为9亿美元的贷款协定，用于支持尼基础设施建设。该贷款协定主要包括两大项目，一是中土集团承建的阿布贾至卡杜纳段铁路项目，总额5亿美元；另一项是由中兴通讯承建的尼国家公共安全通信系统项目，总额4亿美元。根据协定，中资企业将在尼当地建立培训中心和工业园区，用于培训当地技术人员并提供建设所需原材料，进一步提高尼自主生产能力。2018年5月，中国进出口银行与尼签署阿布贾大供水和城铁机车采购两个项目的贷款协议。阿布贾大供水项目是阿布贾水网规划的重要部分，项目建成后，将改善阿布贾主城区配水管网覆盖率不足的现状，将为当地居民提供符合世界卫生组织标准的饮用水。而阿布贾城铁机车采购项目保障了阿布贾城铁一期项目如期投入运营，加快了阿布贾构建综合立体交通体系的步伐。积极参与尼投融资合作的还有中国国家开发银行，2019年10月，中国港湾工程有限责任公司承建的莱基深水港项目在拉各斯举行融资协议签署仪式，中国国家开发银行将为项目提供6.29亿美元长期商业贷款，支持项目建设和运营。

境外经贸合作区模式是中国企业对非洲投资的重要模式。中非经贸合作区的主要运作模式是"政府为主导，企业为主体，市场化经营为原则"，由中国商务部牵头，以国内牵头企业为建设经营主体，与国外政府签约；再由该企业开展对外招商，形成相应的产业集群。牵头企业是按照《境外中国经济贸易合作区的基本要求和申办程序》公开招标的企业，一般实力较强，这在一定程度上确保了经贸合作区的成功运营。作为中国对非洲投资的重要依托，以及推动"一带一路"建设、深化国际产能合作、推动中非合作共赢的重要平台和抓手，中非经贸合作区在推动中国对非洲产业链整合、助力非洲国家实现产业转型方面发挥着重要作用。截至2019年7月，经商务部备案的25个在非经贸合作区吸引了超过430家企业入园，累计投资超过66亿美元，雇用外籍员工4万人，累计上缴东道国税费近10亿美元。入驻企业填补了当地产业空白，带动了东道国的工业经济发展。

截至2021年年底，中国在尼日利亚建立的经贸合作区有两个，分别是尼日利亚莱基自由贸易区（以下简称"自由贸易区"）和尼日利亚广东经济贸易合作区（以下简称"合作区"），这两个自由贸易区都是首批8个获得中国政府批准的境外自由贸易区的项目，亦是中国首批落户非洲的国家级对外自由贸易区。尼日利亚莱基自由贸易区位于拉各斯东南部的莱基半岛，是由中国铁建股份有限公司、中非发展基金、中国土木集团和南京江宁经济技术开发总公司组建成立的中非莱基投资有限公司，与拉各斯州政府和莱基全球投资有限公司共同投资和建设的经济特区，股东承诺投资3.34亿美元。该自由贸易区成立于2007年，经过十几年的发展，园区软硬件条件日趋完善，在开发建设、招商和运营方面都取得了显著成绩。截至2019年12月底，园区累计完成基础设施投资超过2.5亿美元，完成"四通一平"和相应配套设施。设立了"一站式服务中心"，为入园企业提供快捷高效的服务；海关清关中心也已投入运行，提高了园区企业设备、物资的通关效率。截至2021年1月，区内注册企业数量147家，涉及石油天然气仓储、家具制造、服装生产、贸易物流、工程建设服务、工业房地产、汽车装配、钢结构加工制造、钢管生产、日用品等多个行业，协议投资总额近15亿美元。其中，84家企业（中资54家，外资30家）正式签署投资协议并已陆续建成和投资。截至2020年3月底，园区企业累计完成投资3.3亿多美元，实现产值3亿多美元，进出口总额6.19亿美元，实现就业2000人，上缴税费150亿奈拉。①

尼日利亚广东经济贸易合作区又称尼日利亚奥贡广东自由贸易区，位于奥贡州，紧靠拉各斯，距西非第一大港阿帕帕港5.5万米，距穆罕默德国际机场5万米。该合作区以轻工、家具、建材、五金、木材加工等行业为龙头，以原材料加工为主体，工程、营销和贸易并进发展，目前面向全国招商的重点行业有建材陶瓷、五金建材、轻工家具、木材加工、小家电、仓储物流、计算机、机械、电光源、纸业等。该合作区由广东新南方海外投资控股有限公司投资建设，2006年成立，2009年正式运营，总规划面积100平方千米，合作期为99年。目前，启动区2.24平方千米已全部开发，企业入驻完毕；正在进行二期20平方千米的项目开发。截至2020年2月，合作区累计投资2.72亿美元，区内年产值约为20亿元人民币，解决当地就业6000余人。随着合作区第二期开发，当地员工预计每年至少增长1000人以上。合作区积极履行社会责任，为建立并保持稳定和谐的社区关系，合作区与中国驻拉各斯总领事馆共同出资修建了中国—尼日利亚友谊诊所；援建了伊格贝萨地区中尼友好学校；资助当地学生前往中国留学；连续多年在儿童节接待当

---

① 《尼日利亚莱基自由贸易区》，2021年1月30日，中国境外经贸合作区网站，http://www.cocz.org/news/content-243510.aspx。

地小学生参观学习，并赠送礼品，树立了合作区在当地的良好形象。

（四）　中尼继续开展产能合作的主要风险和问题

1. 全球化进程的重大变化

2018年以来，以美国退群、贸易战为代表的西方发达经济体的逆全球化倾向愈演愈烈，并成为社会主流认知。2020年新冠肺炎疫情进一步强化了各经济体的离散倾向。疫情与逆全球化认知，使主要经济体通过全球化形成的维持运行近40年的国际经济增长模式面临巨大挑战。未来几年，疫情导致主要经济体停摆，短期内可能出现全球经济负增长，中长期增速将趋缓。逆全球化和保护主义将给全球化健康发展和国际经济合作带来严峻挑战，对世界各国开展与非洲国家间的合作带来负面影响。具体而言，首先，保护主义会破坏全球产业链的正常分工体系，损害资源要素配置效率，降低全球市场的开放度和自由度。其次，一国实施保护主义将会引发其他国家不同程度的反制，这种恶性循环的局面将导致世界各国更倾向于在全球经济竞争中持有零和博弈的态度，全球贸易壁垒将逐步增加，使世界各国陷入多输的局面。这种保护壁垒不局限于传统行业,将逐步蔓延至数字经济等新兴产业。最后,保护主义将导致世界经济发展停滞,可能带来社会动荡,甚至是政治和社会危机。具体到尼日利亚,全球贸易保护主义不利于尼对外经济合作的开展和国民经济的发展。如果逆全球化潮流造成世界经济停滞,包括矿产、油气等在内的全球大宗商品价格将长期低迷,以矿产和油气资源开发和出口为主的尼经济将遭受严重打击;经济发展停滞将直接反映到尼本就脆弱的和平与安全形势当中。

鉴于尼经济对外部依赖性强,当前全球化展现出的新特点不利于尼经济发展,也就不利于所有与尼开展经贸合作的国家和企业。但英法等尼传统合作伙伴国的企业在非洲经营时间长、业务嵌入深、抵御风险的工具和经验更为丰富,其他新兴经济体在尼的业务体量相对有限、重资产投入相对较少,因此中资企业遇到的挑战相对而言会更显著。

2. 国际贸易和投资规则与格局的变化

在逆全球化和新冠肺炎疫情的影响下,未来全球价值链将出现结构性变化。从中长期看,供应链的安全与效率将成为跨国公司在成本—收益框架之外考虑的重要因素。跨国公司将进一步调整价值链的分工布局。安全性将成为要素空间配置的重要考量。全球贸易格局将出现明显变化，以大规模中间品贸易、生产要素全球性直接流动为代表的贸易格局将调整，部分回归区域内贸易。从规模上看，全球货物贸易的流量增长趋缓，服务贸易、数字贸易的规模进一步增加。为维持经济运行的安全性，发达国家与新兴经济体均将成为进出口更为均衡的经济主体，彼此间的相互依赖相对降低，板块内部的经贸合作强化。为适应这种发展潮流，2020年7月29日，中央政治局会议提出：中国经济要加快形成以国内大循环为主体，国内国际双循环相互促进的新发展格局，意指中国要进一步扩大内需，内需和外需循环要相互促进。这意味着，中国已从原来的出口导向为主的经济战略转向扩大内需的经济战略。也即意味着，未来中资企业会更注重国内业务和市场，虽然对外市场重视程度总体不减，但具体到各个行业和企业则会有很多相机抉择的新情况。这对于未来中尼之间合作具有一定的不确定性。

全球化新趋势下的国际投资规模和速度的变化不利于包括尼日利亚在内的非洲地区吸引外资，而这些地区的经济发展对外资的依赖性很强。近几年尼日利亚有不少战略性项目上马，急需外部资金投入。这对与尼开展经贸合作的国际企业来讲并非利好消息。近年来，中国已成为尼最重要的经贸合作伙伴之一，相较于其他国家企业，中资企业受到的影响会较大。

3. 新冠肺炎疫情的负面影响仍将持续

尼日利亚是非洲第一人口大国，在抗疫方面压力巨大。截至 2021 年 7 月 17 日，尼累计确诊 169329 例，累计死亡 2126 例。新冠肺炎疫情对尼的生产、贸易、旅游等造成了严重影响，其中石油部门损失惨重，2020 年原油出口额可能减少 140 亿—190 亿美元。国际评级机构穆迪表示，低油价和外汇短缺将全面影响尼经济增长，并可能导致货币贬值，进一步削弱投资者和市场信心。尼政府设定的目标是在 2022 年年底 70% 的人口完成疫苗接种，但受疫情导致的全球供应紧张、反疫苗情绪普遍存在、药品储存设施缺乏等因素影响，大规模接种可能需要更长时间。

新冠肺炎疫情给中非产能合作带来了风险和挑战。首先，疫情正在加大尼局部地区社会动荡的风险，中尼产能合作的社会稳定基础受到严重影响。尼公共卫生医疗条件有限，无法支撑新型冠状病毒的大规模检测，无法确保所有确诊病例得到妥善治疗；非洲人天性自由散漫，政府的社会治理能力较弱，疫情的加速蔓延正在加剧人们的恐慌。为控制疫情，尼政府采取了一些限制人员流动的措施，局部停工停产；一些尼日利亚人因此失业，收入锐减，基本生活得不到保障。基本生存条件和安全保障的缺失极易引发社会动荡。

如果疫情控制不力，将加速原有各种矛盾的爆发，导致局地安全形势恶化。安全局势的不确定性将直接或间接阻碍中尼产能合作。其次，疫情下的曲解、谣言、舆论风波等可能局部影响中尼关系。新冠肺炎疫情下，国际关系更加波诡云谲；有的国家为转嫁危机，相互攻讦；信息不对称所导致的国际社会的曲解、误解开始增多，加上部分别有用心者的引导，一些莫须有的事件开始上升为影响国际关系的事件。这一现象的出现还源于这些非洲人自身生存压力的增大以及部分西方媒体对中国不遗余力的抹黑。在尼日利亚，大量人口依靠非正规经济行业谋生，受疫情影响，这些行业被迫关闭，尼日利亚人大量失业，生活压力陡增，需要渠道进行宣泄。与此同时，欧美等西方国家为转移国内矛盾，开始不停地抹黑中国，如指责中国隐瞒新型冠状病毒传播真相导致疫情全球蔓延等；他们利用媒体将这些观点灌输给非洲人民，并将疫情下中国对非洲的援助目的恶意诋毁成中国是在弥补过失并进一步控制非洲，不断煽动非洲民族对中国的敌对情绪。一些有特定目的的非洲人借机跟风，与西方媒体相互呼应，比如，尼日利亚有律师宣布将以新冠肺炎疫情为由，向中国政府提出巨额索赔；虽然这类诉讼不可能实现，多数都是提出者借机扬名，但其背后隐含的非洲人对华态度的变化值得警惕。尼民主制度并不成熟，政治和民意都较容易被操纵，随着疫情的加速蔓延，中非关系任何微小的不利都可能会被竞争对手利用，疫情下中非间民意相抵也可能成为西方国家在非洲针对中国的利器，会使中国在非洲面临的国际局势更加严峻和复杂。最后，疫情对中尼贸易和投资的直接影响。中尼互为重要的经贸合作伙伴，疫情将对中尼经贸合作产生明显影响。一是将使中尼贸易额下降。一方面，疫情下中国经济活动经历了长期停滞，需求的下降导致尼出口中国的大宗商品和原材料减少；另一方面，中国向尼出口的某些工业制成品将出现一定减少。二是将导致中资对尼直接投资额下降。受疫情影响，很多中资企业将注意力更多转向国内，海外投资暂时不被列为优先事项。除固有的项目投资外，尼短期内很难获得中资企业的资金流。中国在尼的工程承包完成额将大幅缩水。

4. 政局存在不稳定因素

近年来，尼日利亚政局总体保持稳定，但仍存在诸多不稳定因素。一是 2023 年大选可能对尼国内政局造成影响。二是尼地区安全形势较为严峻，显现出很多新的特点。比如，传统安全和非传统安全问题交织、碎片化的非传统安全问题日益增多、安全问题呈现出区域化和全球化特点、互联网成为治理盲点、气候变化带来的破坏日益严重,尤其是恐怖主义活动是尼最严重的安全威胁之一。"伊斯兰国"西非分支"博科圣地"长期盘踞在东北部地区,经过多年打击溃而未灭,仅 2020 年就发动袭击近百次,导致 8000 多人死亡。2021 年 1 月,尼军方展开清剿行动,取得一定战果。2021 年 6 月,"博科圣地"头目阿布巴卡尔·谢考在一场火并中丧生。谢考上位后,"博科圣地"利用妇女和儿童充当人弹,实施无差别自杀式袭击,殃及大量无辜平民。"博科圣地"部分成员反对这些做法,脱离这一组织,其中一些人组成"伊斯兰国西非省",宣布效忠"伊斯兰国"。此外,尼日利亚治安很差,犯罪、盗匪和绑架事件频发。尼贫困人口数量众多,尼雇主咨询协会 2020 年 10 月发布的报告显示,生活在极端贫困中的尼日利亚人约为 1.02 亿,每日生活费不到 1.9 美元,占全国人口的 50%。[①] 贫困加上低就业率,导致犯罪、盗匪和绑架事件频发。2020 年 12 月以来,武装匪徒频繁对大中小学发动袭击、绑架人质,超过 700 名师生先后被绑架。根据摩根情报公司(SB Morgan Intelligence)统计数据,2021 年 4 月,尼有 590 余人在各类暴力袭击事件中丧生,较 2020 年

[①] 《非洲观察:尼日利亚绑架频发为哪般?》,2021 年 3 月 19 日,央视网,http://m.news.cctv.com/2021/03/19/ARTIbq6Fm8wyW75OhxYC1dFj210319.shtml。

同期的 256 人同比增长约 130%。仅卡杜纳一州，2021年前 3 个月就有 323 人被杀害，949 人被绑架。尼南部产油区的破坏活动不断，部分地区存在反政府武装活动，几内亚湾海盗亦袭扰不绝。①

安全问题是所有在尼开展经贸合作的国家和企业都面临的现实威胁。相对而言，法美英等尼传统合作伙伴在尼根基更深、关系更紧密、安全领域的合作更多，能够一定程度上实现情报信息共享，因此安全危机预警工作相对更到位；同时，这些国家在非洲有驻军，或有军事领域相关协议，可视情况采取相应的军事行动，因此这些国家的企业受到传统安全的威胁相对较小。在社会治安层面，中资企业和中国人在尼受到的威胁更严重，气候变化、传染性疾病等对中资企业和人员也构成了不小的威胁。

5. 奉行保护主义经济政策

尼日利亚作为非洲第一大经济体，是非洲事务的主要参与者，但其经济政策选择却倾向于保护主义，对尼宏观经济发展造成了不利影响，亦不利于中尼产能合作。为提振外汇储备、促进经济多元化，2015 年

---

① 《非洲观察：邀请美军非洲司令部迁址非洲恐无异于引狼入室》，2021年5月7日，央视网，http://m.news.cctv.com/2021/05/07/ARTIu5jHCSNlqcKlXvZtp3ZI210507.shtml。

尼日利亚中央银行对 41 种商品进口实行外汇管制，后扩大至 43 种，涵盖从大米、肥皂、钢管到私人飞机等广泛领域。外汇管制对尼进出口贸易造成了消极影响，导致进口贸易手续增加，交易成本上升。2019 年 10 月，尼海关总署又宣布禁止所有陆地边境的进出口贸易，无限期禁止经陆路从贝宁、乍得、尼日尔和喀麦隆等邻国输入货物或对这些国家输出货物，以打击日益猖獗的食品走私问题。但该禁令导致尼通胀上升，食品价格上涨。[①]

6. 部分国家将中国视为在非洲的竞争对手

在当前全球化退潮的背景下，世界各国合作意愿降低，相互之间的竞争意识和态势加剧；东亚地区与西方国家采取的抗击疫情的不同模式，进一步加剧了各国间的认知差异，强化了国际竞争意识。在此背景下，西方国家持续在全球加强与包括中国在内的新兴市场国家展开竞争。2019 年 8 月至今，日、俄、德、英先后举办涉非峰会，法、欧盟、德、加拿大和美国等多国领导人到访非洲，阿联酋、沙特和土耳其等新兴势力积极推动对非合作，国际关注非洲热潮仍在持

---

① 《尼日利亚禁止所有陆地边境进出口贸易》，2019 年 10 月 28 日，香港贸发局经贸研究网站，https://research.hktdc.com/sc/article/Mjk2NDY4NDM2。

续。由于油气资源丰富，尼一直是非洲国家中对外资最具吸引力的国家之一，外国投资主要来源于英国、美国、荷兰、比利时、南非和中国等。西方国家企业进入尼时间较早，在能源、电信、金融、旅游等多领域占据重要地位，对尼经济发展影响巨大。中资企业在尼市场的投资主要集中在基础设施建设和制造业领域，占据了一定市场份额，形成了一定竞争优势，但由于历史原因，尼受西方影响更大，在管理、技术和标准方面也更加认同西方，提高了中资企业竞争难度。

近些年，出于竞争考虑，部分国家对中非合作进行质疑，甚至是诋毁。在当前逆全球化认知和新冠肺炎疫情冲击下，部分西方国家企图进一步利用舆论工具打击竞争对手，同时转移国内矛盾。负面国际舆论对中非合作产生了一定的消极影响，中非经贸合作面临的舆论压力是其他非洲经贸合作伙伴所没有的。

在尼的经贸合作伙伴中，中国是后来者，但中尼经贸合作发展极为迅速，对其他合作伙伴形成了压力。从近些年相关国家的反应及采取的针对中国的对策来看，已然将中国视为最大的竞争对手。任何国家和企业与尼开展经贸合作都面临着来自其他方面的竞争，但无疑，中资企业在尼遭受的竞争压力远大于他国。

7. 债务问题给中尼合作带来的潜在风险

尼日利亚一些债务主要来自中国的政策性银行，

中国是尼双边外债中最大债权国。以中国进出口银行给予尼日利亚的贷款为例，该行一直为尼的发展和建设提供金融支持，自2012年北京中非合作论坛第五届部长级会议之后，该行对尼贷款逐年上升。2017年，中国进出口银行为拉各斯—伊巴丹标轨铁路项目提供贷款13亿美元。2018年，该行为尼政府的互联网项目提供3.28亿美元贷款。中国进出口银行给予尼的贷款，利率相对较低，还款期限设置相对宽松。截至2020年年底，中国进出口银行对尼贷款为32.64亿美元。

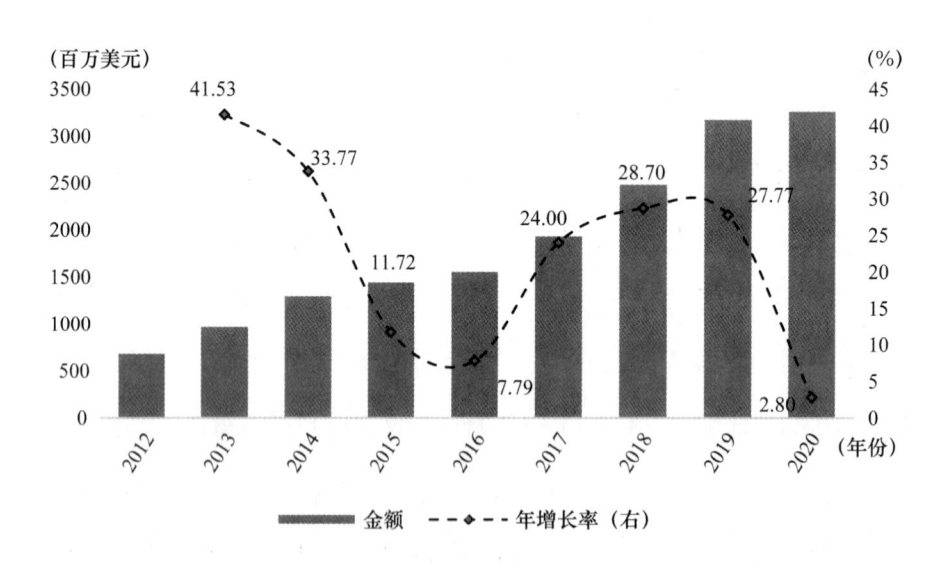

图19　2012—2020年尼日利亚政府外债：中国进出口银行

资料来源：Debt Management Office Nigeria。

中尼债务存在短期和长期风险。从短期看，随着全球经济和中国经济增长放缓，国际大宗商品价格持续下跌，尼的出口和经济增长受到负面冲击。这种情况下，尼担心中国会因为经济下行等因素，短期内大规模减少对尼的投资和信贷，进而触发债务危机。从长期看，中国与尼仍有较大合作潜力，但这种潜力有赖于尼长期增长潜力的兑现及投资项目本身的持续盈利。如果尼长期经济增速不能达到预期水平，或中方投资项目仅停留在建设层面，基础设施等工程项目的长期投资成本就有可能大于收益，中国相关企业和部门会因此遭受财务损失。与此同时，新冠肺炎疫情下中国可能在尼债务问题上陷入两难境地。疫情加大了尼债务风险，尼呼吁世界各国及国际金融机构进行债务减免；尼驻非盟经济社会文化理事会代表指出，受疫情影响，尼偿还国际债务的能力被削弱，因此包括中国在内的主要债权方应尽快考虑减免债务或推迟债务偿付。目前，G20已经给予包括尼日利亚在内的非洲国家债务减免。在2020年6月17日召开的中非团结抗疫特别峰会上，中方亦提出将在中非合作论坛框架下免除有关非洲国家截至2020年年底到期对华的无息贷款债务；加大对疫情特别重、压力特别大的非洲国家的支持力度等一系列债务减免措施。虽然尼将从国际社会的努力中受益，但现有措施尚无法满足尼解决债务问题的需求。为此，部分国家近期在内部审查来自中国的债务，如尼议会审查与中国的贷款协议，要求三位联邦政府部长解释从中国进出口银行获得的用于铁路项目的 5 亿美元贷款协议细节。未来，尼日利亚可能对中国提出更多的债务减免要求，如何应对此类要求是中国政府面临的难题，会使中国陷入两难境地，即如何权衡对尼的债务政策调整、本国资金安全及保持国际形象。

五 中尼产能合作的总体构想与建议

（一） 中尼产能合作的前景

整体而言，中国与尼日利亚产能合作前景广阔，未来5年两国在贸易和投资等领域的合作广度和深度都将进一步增强，这种趋势植根于两国的共同利益和地区发展的需要。对尼而言，一方面，其最紧迫的任务是在疲软的经济形势下提高就业率、减少贫困人口，而来自中国的劳动密集型产业可以在一定程度上满足其国内需要。更现实的是，尼国内越来越多的贫困人口事实上更需要来自中国的生活必需品，这一点在当前通胀加剧、物价上涨的背景下更为突出。因此，对华贸易在可见的未来将只增不减。另一方面，尼经济的长期发展很大程度上取决于其非油气行业的发展，也即经济多元化效果，而尼目前发展迅速的通信、建筑、交通等行业都非常需要中国的资金和技术。对中国而言，尼作为非洲第一大经济体是中国重要的战略伙伴。一方面，尼拥有广阔的国内市场、相对稳定的社会环境及较为宽松的准入制度。两国在基础设施建设、能源资源开发等诸多方面有广阔的合作前景。另一方面，随着非洲大陆自贸区的逐渐落实，尼很可能成为中国与非洲国家共建"一带一路"的关键国家之一。两国合作有助于中国在非洲地区推动"一带一路"倡议中的基础设施合作、加快人员与商品的过境速度、降低关税等重点政策的落实。

（二）深化中尼产能合作的指导思想和发展目标

尼日利亚是中国在非洲的主要合作对象和重要战略伙伴，在中非合作中发挥着重要的引领和示范作用。今年是中尼建交50周年，站在新的历史节点，双方应当传承并弘扬友好传统，进一步深化两国友好合作。下一阶段深化中尼产能合作的指导思想应是：立足两国发展需要，以基础设施建设和产能合作为抓手，坚持政府指导、企业主体、市场运作、合作共赢的原则，积极对接中尼各自发展战略和重点合作领域，着力构建全方位、多层次、宽领域的中尼产能合作格局，不断充实中尼全面战略合作伙伴关系内涵。发展目标是综合运用对外贸易、基础设施建设、产业投资、金融合作等多种方式，促进双方贸易平衡，提升贸易质量；推动中国构建新发展格局和尼日利亚最新国家发展计划更紧密结合，深化双方共建"一带一路"合作；大力推进重点项目建设，助力尼加快工业化进程，提升自主发展能力；不断拓展合作空间，打造数字经济、绿色经济新亮点，实现多元化可持续发展。

（三）　中尼产能合作的重点领域与中方优势

1. 中尼基础设施建设领域合作

近年来，尼日利亚基础设施建设有了一定改善。一是尼的公路运输和海运较发达。公路是该国交通命脉，承担了95%的货运量和96%的客运量。目前，全国公路总长19.44万千米，其中联邦道路总长3.3万千米，州级道路总长3.1万千米，地方政府道路总长约13万千米。海运是尼开展国际贸易的最主要方式，90%以上的进出口贸易通过海运完成。全国有8个主要海港、11个油码头、102个码头泊位；始建于20世纪初的拉各斯港是最大港口，也是西非最繁忙的港口，西非许多国家和地区的进出口贸易都通过该港口完成，目前尼海运贸易约占西非地区的68%。二是尼移动电话和互联网发展较快。据尼通信委员会（NCC）数据显示，截至2020年1月，尼活跃电信订阅量达1.86亿人，通信密度达97.45%；宽带用户数为7346万户，互联网渗透率达38.5%。[1] 尽管如此，尼基础设施仍无法满足发展所需，存在诸多不足。一方面，尼公路交通发达，但由于雨季影响和缺乏维护等原因，部分地区尤其是乡村地区道路状况较差，路面毁损严重。目前，尼尚未与周边国家形成有规模、整体性的公路网络，对货物贸易的跨境运输造成阻碍。尼现有铁路总长超过3800千米，其中3505千米为窄轨单轨线，现有铁路系统只能提供最低程度的运输服务。另一方面，尼互联网渗透率仍然较低，与世界其他地区相比仍存在差距，且现有运营商服务价格普遍较高，速度相对较慢。另外，尼电力供应严重不足，截至2020年3月底，境内有23座火电站和4座水电站，总装机发电量1291万千瓦，但实际发电量仅约375.7万千瓦，无法满足最低2000万千瓦的电力需求。

为加快基础设施建设，2014年尼预算和国家计划部推出了《2014—2043年尼日利亚基础设施总体规

---

[1] 《对外投资合作国别（地区）指南：尼日利亚》（2020年版），2021年6月4日，中国商务部网站，http://www.mofcom.gov.cn/dl/gbdqzn/upload/niriliya.pdf。

划》（NIIMP），旨在从 2014 年开始用 30 年时间填补国内巨大的基础设施缺口，保障经济可持续发展。该规划中将能源（电力、石油和天然气）、交通（公路、铁路、港口和航空）、住房、水资源、通信技术等列为基础设施建设重点，同时也关注农业、采矿业、社会基础设施、人口登记、安全等领域。① 该规划细分为 3 个十年战略规划和 6 个五年操作规划，尼政府计划在规划第一阶段（2014—2018 年）每年投入 250 亿美元用于能源、交通、住房、水资源、通信技术等领域基础设施建设，到 2043 年基础设施领域累计投资 2.9 万亿美元，由联邦政府、州政府和私人部门共同出资。② 值得注意的是，在具体实施过程中，尼在基础设施领域的投资额远未达到预期目标。2014—2017 年，尼政府为基础设施项目总计拨款为 115 亿美元，还不到计划投资额的 10%。尽管如此，该规划仍有效推动了尼基础设施项目建设，规划的项目也在陆续实施完成。

尼在基础设施方面存在巨大需求，但由于缺乏相应的资金、技术和生产能力，尼需要外资企业资金和技术的流入来提供支持，这为中尼在基建领域的合作

---

① 《尼联邦执行委员会通过〈2014—2043 年尼日利亚基础设施总体规划〉》，2014 年 9 月 15 日，环球网，https：//china.huanqiu.com/article/9CaKrnJFypU。

② 《尼日利亚基建缺口巨大》，2018 年 10 月 26 日，中非贸易研究中心网站，http：//news.afrindex.com/zixun/article11269.html。

提供了契机。中国企业通过多年来不断的实践，在基础设施建设方面积累了丰富的经验，拥有先进的技术以及一大批相关人才，能够为项目建设和运营管理提供有力支撑。

2. 中尼油气业合作

根据英国石油公司（BP）发布的《世界能源统计年鉴2021》，2020年，尼石油产量179.8万桶/天，是非洲最大的产油国；天然气产量494亿立方米，位居非洲第三，仅次于阿尔及利亚和埃及。油气收入是尼最重要的收入来源。2020年，尼油气业出口额314亿美元，占货物出口总额的87.4%，其中石油出口额为268亿美元，占货物出口总额的74.6%，天然气出口额为46亿美元，占货物出口总额的12.7%。受2020年新冠肺炎疫情影响，尼油气产业损失严重，油气出口收入与2019年相比下降42.4%，其中石油出口收入下降44.1%，天然气出口收入下降30.1%，但仍是外汇收入主要来源。[①] 壳牌、埃克森美孚、道达尔、雪佛龙和埃尼是最主要的石油生产企业，石油产量的80%以上来自这五大跨国石油公司。[②] 尼油气产业存在明显

---

① 数据来源于CEIC数据库。
② 《对外投资合作国别（地区）指南：尼日利亚》（2020年版），2021年6月4日，中国商务部网站，http://www.mofcom.gov.cn/dl/gb-dqzn/upload/niriliya.pdf。

的结构性问题，主要表现为油气下游行业发展落后、国内炼化能力不足、燃油严重依赖进口。目前，外资企业对尼石油领域的投资主要集中在油气的勘探、开发和生产等产业链上游环节，对石油仓储运输、加工炼制、石油化工生产等产业链中下游环节投资不足。这导致尼每年需进口大量成品油来满足其国内市场需求。尼天然气储量丰富，但天然气管道的缺失和生产能力的限制对尼天然气产能的扩大造成阻碍。近年来，尼加大了在天然气管道建设和天然气生产方面的投资，这将有助于提高尼天然气产量。

中国在油气勘探开发、加工炼制、化工生产等方面拥有丰富的经验和技术，目前已与多个非洲国家在油气开采方面达成了合作，并帮助一些石油工业落后的非洲国家建成了上下游一体化、技术先进、规模配套的现代石油工业体系，中尼两国加强油气合作有助于尼建立更完善的石油工业体系。

3. 中尼制造业和产业园区建设合作

尼日利亚工业化程度较低，工业以油气业为主，建筑业也有一定发展，制造业发展滞后。制造业是尼经济多元化的重要组成部分，是尼未来着力推动的产业。中国是制造业大国，中国在制造业发展过程中积累了丰富的经验，具有较强的技术和研发能力，且在部分领域处于世界前列，有能力为尼制造业的发展提供有效的技术支持。目前，中国正依托"一带一路"倡议努力推进与沿线国家的产能合作，尼作为"一带一路"沿线重要国家，也是中国进行国际产能合作的重要对象，中尼经贸合作已取得一定成果，未来中尼两国可继续在产能方面加强合作，合作共赢。

产业园区是尼制造业发展的重要载体。尼高度重视产业园区建设，据尼出口加工区管理局（NEPZA）统计，截至2018年，尼投入运营、在建以及规划中的产业园区已累计达33个，涵盖的产业包括加工制造、石油天然气、仓储物流、化工、商务商贸、船舶修理、食品加工等，同时还包含部分新兴科技产业，加工制造、石油产业和物流运输是排名前三的主导产业。[1] 中尼已在产业园区方面开展了大量合作，截至2018年年底，中国在尼已投资开发7个产业园区，分别是中非莱基投资有限公司投资的尼日利亚莱基自由贸易区、广东新广国际集团中非投资有限公司投资的广东经济贸易合作区、江苏汇鸿集团投资的卡拉巴汇鸿工业园、宁波中策动力机电集团投资的尼日利亚宁波工业园、中国越美集团投资的尼日利亚纺织工业园、江苏无锡太湖可可食品有限公司投资的尼日利亚食品工业园、

---

[1] 王兴平主编：《非洲产业园区发展与规划》，江苏人民出版社2019年版，第99—100页。

山东如意科技集团投资的尼日利亚纺织工业园等,其中后两个工业园还在规划建设中。① 未来,双方以产业园区为载体开展制造业等领域合作还有较大空间。

4. 中尼农业合作

农业是尼日利亚重要的产业部门。尼发展农业的自然条件较优越,但由于石油工业的兴起,农业发展被长期忽视,农业发展水平落后,粮食依赖进口。为促进农业发展,尼政府采取了一系列措施,包括实施农业贷款项目、禁止进口部分农产品等,以期实现主要农作物生产的自给自足。目前,尼农业发展面临的主要问题有农业技术落后、机械化程度低、化肥供应不足、农业基础设施落后等。尼是世界上农业机械化程度最低的农业国之一,目前仍有很大一部分耕地通过手工耕种完成,农业技术的落后和农业机械的短缺极大限制了尼农业生产。尼化肥供应不足,一部分化肥依赖进口。为改善化肥短缺的现状,2017年尼政府提出"总统化肥倡议",加大了对化肥行业的投资力度。此外,电力供应短缺,农产品物流和仓储设施不足等也限制了尼农业发展。

中国是农业大国,在农业生产方面拥有丰富的实

---

① 王兴平主编:《非洲产业园区发展与规划》,江苏人民出版社2019年版,第101页。

践经验和健全的农业技术体系，能在技术方面为尼提供有效支持。中国还拥有先进的农业机械设备和丰富的农产品加工制造经验，两国在农业领域展开合作，能有效提升尼的农业生产能力。目前中尼农业合作主要是农业技术培训。2003年，中尼政府和联合国粮农组织在南南合作框架下，开展了南南合作项目。中国派遣了524名农业专家先后赴尼日利亚，在作物栽培、农田水利、水产养殖、畜牧养殖、农产品加工、生物能源及养蜂等多领域进行了技术合作。

（四） 相关建议

1. 助力尼应对疫情，夯实两国产能合作基础

目前，中国的新冠肺炎疫情已基本得到控制，但尼日利亚的疫情仍在持续，帮助尼日利亚应对疫情，不仅有利于尼提高抗疫能力，尽快恢复生产和稳定经济，而且有利于降低中资企业在尼项目建设运营中的疫情风险，推动"一带一路"和中非人类命运共同体建设。为帮助尼应对疫情，中国可从以下两个方面做出努力。一是为尼提供抗疫援助，与尼分享防疫信息和经验，通过派遣卫生防疫专家等方式提供技术支持，加强对尼药品、医疗设施的出口等。二是助力尼稳定经济。中国可从贸易、投资、就业等多个层面为尼经

济稳定运行提供支持。如扩大从尼进口，为尼进口商品提供关税减免，增加对尼医疗卫生产品、基础粮食出口，鼓励中资企业对尼投资，引导中资企业适度扩大当地员工雇用数量，同时提供技能培训，创造更多就业机会等。

2. 创新金融支持方式，助力产能合作

近年来，中国为包括尼日利亚在内的非洲国家基础设施和其他项目提供了大量融资支持，中资企业承接的基础设施项目，融资通常由中国金融机构来承担，这种融资方式导致项目风险主要由中方金融机构来承担。随着尼政府债务水平的不断上升，中国金融机构未来可能会面临尼偿债能力不足的问题。为改善中资企业对尼投融资模式，中国可从以下三个方面做出努力。一是加强与第三方金融机构合作。中国可充分利用现有多边和双边金融合作机制，加强与国际金融机构和私营金融机构合作，通过联合融资、共同担保等方式共同为尼基建项目提供融资，以降低融资风险。二是增加从尼的进口，探索"以出口还贷款"模式。中尼贸易存在较强互补性，但双方贸易并不平衡，尼对华贸易长期存在逆差。中国可以通过扩大对尼产品的进口来抵偿尼部分债务，在降低融资风险的同时，改善尼国际收支状况。三是鼓励具备条件的企业以

PPP方式参与尼基础设施建设。目前尼正在基础设施建设领域积极推动公私合作经营PPP方式，以吸引更多的国内外资本参与基础设施的建设。中国可以尝试鼓励一些具有较强竞争力的中资企业通过PPP方式参与，推动项目融资模式的改善。

3. 大力支持中尼经贸区建设

目前，中国在尼日利亚已经建立了两个经贸合作区，分别是尼日利亚莱基自由贸易区和尼日利亚广东经济贸易合作区，中国可以这两个经贸合作区为基础，充分发挥其"走出去"的平台功能，鼓励企业在经贸合作区投资设厂，对部分重点项目予以一定的税收优惠或财政补贴。中国政府可加强与尼政府的沟通交流，简化企业审批流程，减少企业审批时间，在税收、用工比例、本地化等方面为中资企业争取尽可能多的优惠政策，同时可以与尼政府协调为经贸合作区配备必要的基础服务设施，如诊所、警察局或派出机构、垃圾处理厂、消防机构等，以便为中资企业赴尼投资提供更加良好的经营环境。

4. 妥善处理中尼债务问题

中尼债务问题可能会成为未来中尼合作的阻碍，需认真研究，妥善解决。一要密切注意尼日利亚国家债务风险。构建债务风险预警体系，从债务增速、债务结构、债务相对规模、经济增长动能和国际收支等方面，构建测度尼债务风险的指标体系，及时有效监控尼债务风险的变化情况并提前预警。二要对中国在尼存量债务进行分类，综合采取利率优惠、展期、债转股等多种方式，化解相关风险，避免出现债务风险传递和连锁违约。三要逐步优化现有债权结构。适度减少大型工程类、基建类项目投资，适度增加与制造业相关的对非洲国家债权规模。四要积极开展国际合作。广泛对接国际多边组织，提高中国对尼债权的国际认知度和合法性。主动与世界银行、国际货币基金组织、非洲开发银行等相关国际和地区多边金融机构合作，联合对尼项目开展融资贷款，增强中国对尼提供资金的国际认知度和合法性。

5. 提高中尼产能合作项目可持续性

近几年，国际社会对中国"一带一路"框架下部分项目的可持续性提出质疑，从中非合作项目来看，一些项目可能存在问题，建议由中国全面实施包括尼日利亚在内的中非产能合作项目的可持续性排查，要求项目执行单位、项目的国内融资方及第三方机构联合出具项目可持续发展报告，客观、真实、准确地反映项目经营现状和预期发展，阐述项目存在的问题和潜在风险，做到心中有数，并按需逐步妥善解决。

6. 中资企业深化对尼政治安全风险和政策的研判

尼日利亚政治安全风险显著。中资企业投资尼日利亚时，要在注重专业领域研究的同时，强化对尼政治、安全等风险的研究和预判。首先，要对项目所在地的政局、民族、宗教、社会治安、法律法规、民俗民风以及金融风险、宏观经济政策动态等进行跟踪研究，对可能存在的安全和其他各类风险进行科学评估。目前，一些中资企业对外投资中的风险研究非常初步；在调研报告中，只有寥寥几页风险分析，且内容过于宏观，无法满足实际工作需要。对于可能发生的严重冲突的预判最为关键，这需要很强的专业能力，企业本身可能并不具备，需要聘请第三方研究机构的协助，比如，聘请国内外优秀的专业技术工程公司、咨询公司或研究机构。将安全风险研究和预判交给专业人士并不意味着企业可以完全放手，其自身也需要有系统的风险预判、评估和应对流程，制定完善的突发事件应急预案，并在日常进行演练。其次，中资企业在投资地选择上，应尽量选择相对安全的地区；对于政局不稳的地区，企业可以选择投资回收期较短的项目或方案，以尽量规避可能发生的政局变化。最后，对于已投资项目，企业要善于与当地政府沟通，加强交流合作；制定正确的公关策略，获取当地政府和舆论的支持；同时要采用稳妥的方式搞好与非执政党的关系，以规避政局变动时的突发风险。

此外，中资企业需进一步加强对尼政策法规的研判。东道国政策法规的变动往往会对企业生产经营造成严重影响，已成为影响中资企业投资非洲国家的重要因素。但目前，中资企业对非洲东道国的政策法规变动的研究普遍不够，缺乏预见性和应对方案，导致风险频发。为减少此类风险，需加强对东道国法律法规、投资政策的学习和研究，包括人权、环境保护、知识产权等容易被忽视的领域，避免因对法律法规的了解不足导致投资过程中不必要的经济损失和声誉损失。在项目实施和生产经营过程中，应遵守当地的法律法规和项目协议，按照东道国法律法规办事，减少矛盾冲突，确保生产经营的顺利开展，减少风险，提高投资效率。企业要不断建立健全和完善相关的法律风险防范体系，如在投资协议中加入"稳定条款"来防范东道国政策法律变动带来的风险；所谓"稳定条款"，即是加入相关合同条款，保证外国合同当事人的合法权益不因该国政策或法律的改变而受到不利影响。

7. 积极履行企业社会责任

积极履行企业社会责任能为企业对外投资创造更

良好的社会环境。中资企业在对尼投资过程中要进一步重视和强化社会责任的履行。一是要遵守当地的法律法规。遵守当地法律法规是企业境外投资最基本的要求。中资企业在对尼投资过程中，要充分了解当地法律法规，避免因违反当地法律而对企业生产经营造成影响。尼政府对环境保护十分重视，政府在环境保护的立法和执法方面都比较严格。中资企业在尼开展的重大基础设施建设以铁路、公路等交通类项目居多，这些项目往往跨越多个地区，项目实施协调难度较大，且部分路段可能穿过自然保护区等环保敏感区域，如果处理不当，极易引起争议，对企业项目实施造成严重影响。二是要重视本土化经营，增加对当地员工的雇用。目前，尼对部分行业的外商直接投资有一定的本土化要求，中资企业要加强对这些规定的重视，满足当地本土化条件，尽可能增加在当地市场的物资采购。在此基础上，可增加对当地员工的雇用，以提高当地居民生活水平。三是加强与投资所在地社区的关系。为减少企业在经营过程中的社会阻力，降低非经营性风险，中资企业在对尼投资过程中应加强与投资所在地社区的关系，通过进行社区建设等方式来帮助当地改善民生，营造和谐的社区关系。

8. 中资企业要高度重视民间公关

在非洲资源类产业投资集中的地区，"双速经济"

现象时有发生。一方面外国投资带来了当地资源类行业的繁荣，当地权贵阶层通过多种方式获得巨大的收益；另一方面，当地普通民众并未获得足够收益，其收益甚至无法抵消投资和开发行为对其环境和原本生产生活方式的破坏和干扰，由此产生不满，导致各类纠纷甚至是暴力冲突的发生。尼日利亚尼日尔河三角洲地区对国际石油公司的长期抵制就是典型的案例。这就要求中资企业在尼投资时必须做好各方面利益的平衡，而这恰是一些中资企业的薄弱环节。一些中资企业在尼经营仍遵循过往在国内的经营经验，重视政府公关，轻视民间公关；习惯性地依赖政府解决各类问题，导致风险过于集中；此种行事方式，在非洲国家易遭到民间组织的批评，反对派也常借此作为批评和对抗执政党的工具，案例为数不少。中资矿业企业投资非洲需要避免上述风险，一方面在投资前即做好深入调查，尽可能熟悉当地情况；另一方面，企业在进入非洲国家前，就要制定好公关策略，协调好政府、非政府组织（NGO）、民众及其他各类团体的利益，平衡好各方利益，解决好政治风险和经济利益之间的关系。

参考文献

黄子桐：《中国与尼日利亚贸易合作的竞争性与互补性研究》，《中国经贸导刊》（理论版）2017年第17期。

王晓红：《中国对非洲投资：重点、难点及对策——对尼日利亚、加纳、冈比亚、埃及的调研》，《全球化》2019年第2期。

王兴平主编：《非洲产业园区发展与规划》，江苏人民出版社2019年版。

［尼日利亚］伊肯（Ikenna Henry Osuiwu）：《中国与尼日利亚贸易发展研究》，硕士学位论文，安徽大学，2015年。

Aliyu Mukhtar Katsina, "Peoples Democratic Party in the Fourth Republic of Nigeria: Nature, Structure, and Ideology", SAGE Open, April-June 2016.

Allen Hai Xiao, "'The Chinese' in Nigeria: Discursive Ethnicities and (Dis) Embedded Experiences", *Journal of Contemporary Ethnography*, Vol. 50, No. 3, 2021.

Barr. Solomon Ogbu, "Nigeria and Her Immediate Neighbors in the Post Colonial Era: A Critical Analysis", *Advances in Social Sciences Research Journal*, Vol. 6, No. 4, April 25, 2019.

Dhikru Adewale Yagboyaju, "Politics, Political Parties, and the Party System in Nigeria: Whose Interest?", *International Letters of Social and Humanistic Sciences*, Vol. 89, 2020.

Ebere Adigbuo, "Nigeria-China Relations: The Contemporary Challenges", *The Journal of Social Sciences Research*, Vol. 5, No. 4, 2019.

E. C. Emordi, "Lagos: the 'Villagized' City", *Information, Society and Justice*, Vol. 2, No. 1, December 2008.

Elenwo Ephraim Ikechukwu, "The Socio-Economic Impact of the Greater Port Harcourt Development Project on the Residents of the Affected Areas", *Open Journal of Social Sciences*, 2015.

Etebong PC, "Demography in Nigeria: Problems and Prospects", *Bio-statistics and Bio-metrics Open Access Journal*, Vol. 5, No. 1, February 2018.

Haldun anc, "Ethnic and Religious Crises in Nigeria: A Specific Snalysis upon Identities (1999 – 2013)", *African*

Journal on Conflict Resolution, Vol. 16, No. 1, 2016.

Mustapha A. Akinkunmi, "Nigeria's Economic Growth: Past, Present and Determinants", *Journal of Economics and Development Studies*, Vol. 5, No. 2, June 2017.

Olakunle F. Olowojolu, "The Rise of the Opposition Political Party in Nigeria: Case Study of the All Progressives Congress", *International Journal of Politics and Good Governance*, Vol. 6, No. 6, 2015.

Olanrewaju Lawal, "Measuring Geographic Distribution of Economic Activity in Nigeria Using Gross Domestic Product", *Ghana Journal of Geography*, Vol. 10, No. 1, January 2018.

Olufemi Vaughan, *Religion and the Making of Nigeria*, Dukeuniversity Press, 2016.

Raheem, "Regional Imbalances and Inequalities in Nigeria: Causes, Consequences and Remedies", *Research on Humanities and Social Sciences*, Vol. 4, No. 18, 2014.

Simon Bekker, Gran Therborn, *Capital Cities in Africa-Power and Powerlessness*, HSRC Press, 2011.

后　记

中非合作历史悠久、源远流长。作为"一带一路"重要组成部分的非洲大陆，是我国重要的国际合作伙伴之一。尼日利亚是非洲地区大国，具有较大的政治、经济和文化影响力，推动中尼合作有利于中非共建"一带一路"、构建中非命运共同体。本书意在为中尼合作提供更丰富的参考资料，探索更多可行的实践路径。

本书由中国社会科学院西亚非洲研究所（中国非洲研究院）副研究员张春宇博士和李若杨博士共同写作完成。张春宇博士长期致力于海洋经济、非洲经济、中非投资合作等领域的研究，李若杨博士的研究领域为国际金融和非洲经济。中国社会科学院大学西亚非洲研究系博士研究生谈天参与了本书第一章的写作，西亚非洲研究所姚桂梅研究员在本书的立意、思路、结构和内容等诸多方面给予了专业指导，中国社会科学出版社喻苗老师给本书的写作和修改提出了很多中肯的意见和建议。

国际局势风云变幻,中国和尼日利亚国内的发展也日新月异。本书只是对过去和现在尼日利亚的发展和中尼合作进行了思考和研究,未来还需与时俱进、不断完善,以冀持续为中尼合作、中非关系做出微薄的贡献。

张春宇，博士，中国社会科学院西亚非洲研究所、中国非洲研究院副研究员，主要研究非洲经济、海洋经济、中非经贸合作等领域。

李若杨，博士，中国社会科学院西亚非洲研究所、中国非洲研究院《中国非洲学刊》编辑，主要研究非洲经济、国际金融等领域。